企業の持続性を見極める
決算書の読み方と
業種別のポイント

行政書士・ファイナンススタイリスト

黒木 正人【著】

ビジネス教育出版社
BUSINESS KYOIKU SHUPPANSHA

はじめに

決算書は誰が読むのか

　巷には、決算書の本が溢れていますが、決算書は誰が読むのか。会社を取り巻くさまざまなステークホルダーが読みます。その中で特に決算書を読む機会が多いのは、金融機関の行職員、経営者、ビジネスパーソン、一般投資家でしょう。

◆図表1　決算書を取り巻くステークホルダー

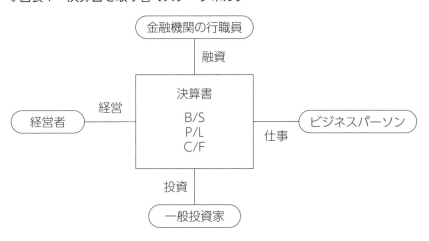

　金融機関の行職員の多くは、企業にお金を融資する業務に携わっています。融資をする先の信用状態をチェックし、融資をしても良いかの判断のために決算書を読みます。金融機関の行職員はあらゆる業種の決算書を読み込まなければなりません。

　会社の経営者は、「決算書が読めずに会社の経営ができるか!」とよく

言われます。経営者の仕事の一つは、決算書の数字から今期の業績を確認し、次期の目標を立てて、さらなる業績を上げるためにはどのような戦略・戦術を立てるかを考え、会社を成長させることです。そのためには決算書が読めなくてはどうしようもありません。

　また中小企業の約半数は金融機関からお金を借りています。どういう決算書ならば融資を受けられるのかを知らなければ、資金繰りを安定させ会社を成長軌道に乗せることができません。

　ビジネスパーソンも決算書を読まなくてはならないときがあります。取引先の会社の経営状態を掴む必要があるでしょう。商品・製品を売った代金を確実に回収できる会社であるかを見抜く力が必要です。また多くのビジネスパーソンは教養の一つとして、決算書を読む力を身につけて欲しいものです。

　一般投資家も決算書を利用します。株式を買う際は確実なリターンを得られる会社であるかを見抜く力がないと、大切な資産を失ってしまうかもしれません。安全な会社か、成長性のある会社かを決算書を読むことで判断しなければなりません。

　本書は主に金融機関の行職員、経営者、ビジネスパーソン、一般投資家向けに、細かな数字を使わず決算書の全体像を理解し、融資ができる又は受けられる決算書とはどういうものか、決算書をどう会社の経営に役立てるか、安全で成長する会社をどう見極めるかなどに重点を置き、数字の苦手な文系の頭でも決算書が読めることを目的に作成されています。決算書の基本を身につけるだけであれば、本書の第1章から第4章だけで十分です。最初からゆっくりと読めるところまで読んでみましょう。

2023年1月　　　　　　　　　　　　　　　　　　　　黒木　正人

❖ Contents ❖

Chapter-**1**

財務三表の超簡単理解

① 貸借対照表を読み解く術

◆ 図表2　貸借対照表［記載例］

貸借対照表
（○年○月○日現在）

（単位：百万円）

科　目	金　額	科　目	金　額
（資産の部）		（負債の部）	
流動資産	×××	流動負債	×××
現金及び預金	×××	支払手形	×××
受取手形	×××	買掛金	×××
売掛金	×××	短期借入金	×××
契約資産	×××	リース債務	×××
有価証券	×××	未払金	×××
商品及び製品	×××	未払費用	×××
仕掛品	×××	未払法人税等	×××
原材料及び貯蔵品	×××	契約負債	×××
前払費用	×××	前受金	×××
その他	×××	預り金	×××
貸倒引当金	△　×××	前受収益	×××
固定資産	×××	○○引当金	×××
有形固定資産	×××	その他	×××
建物	×××	固定負債	×××
構築物	×××	社債	×××
機械装置	×××	長期借入金	×××
車両運搬具	×××	リース債務	×××
工具器具備品	×××	○○引当金	×××
土地	×××	その他	×××
リース資産	×××	負債合計	×××
建設仮勘定	×××	（純資産の部）	
その他	×××	株主資本	×××

無形固定資産		×××	資本金		×××
ソフトウェア		×××	資本剰余金		×××
リース資産		×××	資本準備金		×××
のれん		×××	その他資本剰余金		×××
その他		×××	利益剰余金		×××
投資その他の資産		×××	利益準備金		×××
投資有価証券		×××	その他利益剰余金		×××
関係会社株式		×××	○○積立金		×××
長期貸付金		×××	繰越利益剰余金		×××
繰延税金資産		×××	自己株式	△	×××
その他		×××	評価・換算差額等		×××
貸倒引当金	△	×××	その他有価証券評価差額金		×××
繰延資産		×××	繰延ヘッジ損益		×××
社債発行費		×××	土地再評価差額金		×××
		×××	株式引受権		×××
		×××	新株予約権		×××
		×××	純資産合計		×××
資産合計		×××	負債・純資産合計		×××

出典：一般社団法人 日本経済団体連合会経済法規委員会企画部会「会社法施行規則及び会社計算規則による株式会社の各種書類のひな型」（改訂版）54項・55項（2021年3月9日）

　それでは貸借対照表の全体像を見てみましょう。決算書を開くと、最初に貸借対照表が目に入ります。多くの人は貸借対照表を読むのが難しく、そこで挫折してしまいます。確かに貸借対照表の勘定科目を見た途端に目が眩みそうです。貸借対照表を読むには、最初は細かい勘定科目に目を向けないで、大きなボックスで捉えるとすんなりと読むことができます。

(1)　貸借対照表の読み方①　５つのボックスで考える

　貸借対照表は大きく５つのボックスに分かれます。図表３を見てください。

◆ 図表3　貸借対照表は大きく5つのボックスで考える

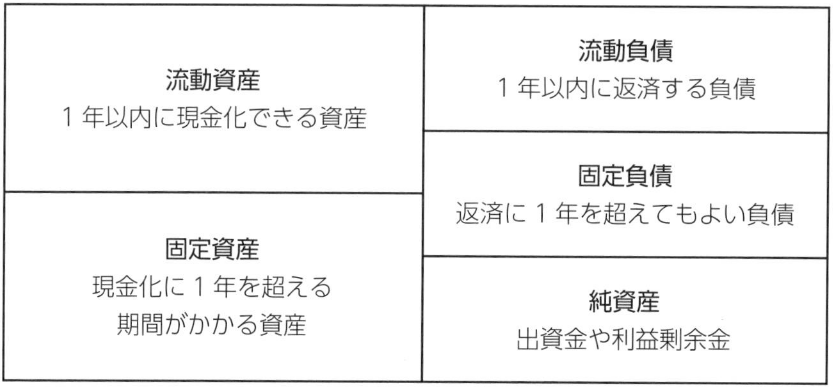

流動資産 1年以内に現金化できる資産	流動負債 1年以内に返済する負債
	固定負債 返済に1年を超えてもよい負債
固定資産 現金化に1年を超える 期間がかかる資産	純資産 出資金や利益剰余金

　貸借対照表は、左側に流動資産と固定資産のボックス、右側に流動負債、固定負債、純資産のボックスがあります。

　左側の流動資産は、短い期間（基本的に1年以内）に現金化ができる資産のボックスです。
　固定資産は、現金化をするのに1年を超える期間がかかる資産と会社が長期間保有する資産が入っているボックスです。

　右側の流動負債は、1年以内に返済しなければならない負債が詰まったボックスです。
　固定負債は、返済に1年を超えてもよい負債が詰まったボックスです。
　純資産のボックスは、株主からの出資金や会社の今までの利益の蓄積である利益剰余金などで構成されています。

(2) 貸借対照表の読み方②　資金の調達と運用で考える

◆ 図表4　貸借対照表を資金の調達と運用で考える

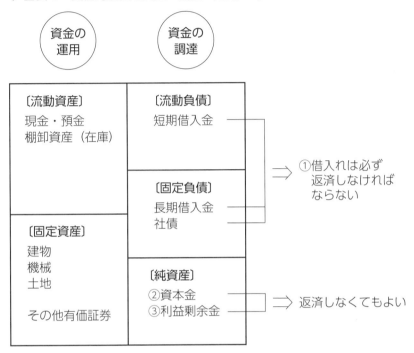

　貸借対照表は、右側の流動負債、固定負債、純資産のボックスで資金を調達し、左側の流動資産と固定資産のボックスで資金を運用します。

●資金の調達

　資金調達の方法は、①借入れ（必ず返済しないといけない）、②出資（資本金、株主が払い込むもので返済しなくていい）、③利益による（利益準備金等、返済しなくてもよく、無限である）もの、の3つがあります。

　資金を調達する代表的な方法として金融機関からの借入れがあります。1年以内に返済する借入れを短期借入金、1年を超えて返済するも

のを長期借入金といいます。短期借入金は流動負債のボックスからの資金の調達、長期借入金は固定負債のボックスからの調達となります。また金融機関から私募債で借り入れた場合は、固定負債のボックスからの調達となります。金融機関からの借入れは必ず返済しなければならない調達方法となります。

　純資産のボックスからの調達は、大きく資本金と利益剰余金に分かれます。

　資本金は、株主が会社に出資した資金です。配当金を出すことはありますが、基本的には返さなくてもいい資金です。

　優良企業は、利益で資金を調達します。その過去の利益の蓄積が利益剰余金です。優良企業は、利益によって資金調達をするために、売上を上げ利益を稼ぎだしたり、経費をできるだけ抑えて利益を確保する努力を行います。

　企業はなぜ利益を出すことに固執するのか、それはお金（資金）が増えれば増えるほど、潰れない会社になるからです。

◆図表5　負債・純資産の部の主要科目

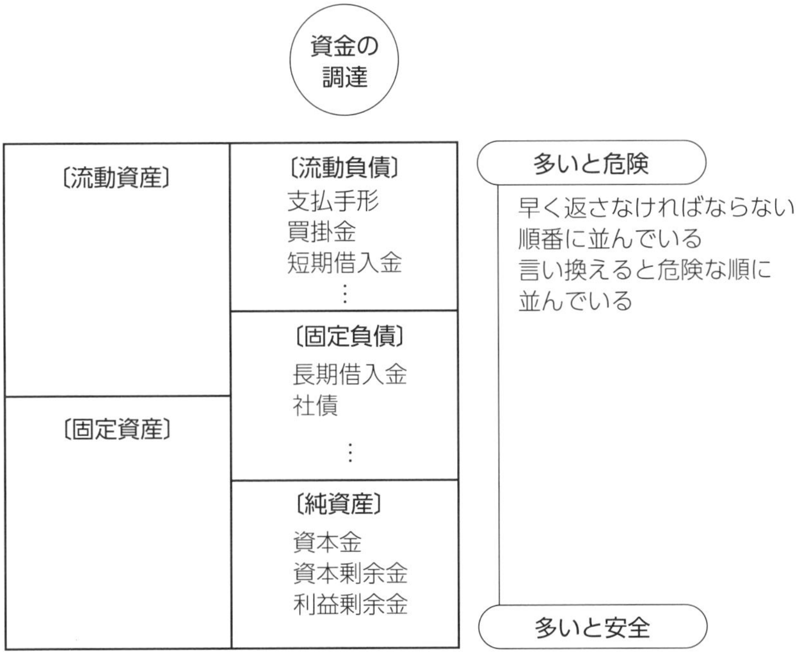

図表5の負債の勘定科目を見てください。上からすぐに返済をしなければならない順番に並んでいます。このように負債の部の科目は、上から早く返済しなければならない危険な順番に並んでいるといえます。

●資金の運用
　貸借対照表の右側のボックスで調達した資金を左側のボックスで運用することで、企業は会社を安全に成長させようとします。
　貸借対照表の資産の部を読むときは、上から順番に読むようにします。なぜなら資産の部の勘定科目は、上から現金になりやすい勘定科目が、下に行くほど現金になりにくい順番で並んでいるからです。

◆図表6　資産の部の科目は下に行くほど現金になりにくい順に並んでいる

〔流動資産〕 現金・預金 受取手形 売掛金 棚卸資産（在庫） 　　　⋮	〔流動負債〕
	〔固定負債〕
〔固定資産〕 〈有形固定資産〉 建物 車輌 機械 土地 　　　⋮ 〈無形固定資産〉 借地権 のれん 　　　⋮ 〈投資その他有価証券〉 その他有価証券 差入保証金 　　　⋮	〔純資産〕

下に行く
ほど現金
になりに
くい

　資産の部で一番重要なのは、現金・預金です。現金・預金がないと企業はどれだけ売上をあげていても潰れてしまいます。現金・預金をいかに大きくするかで、企業の寿命が決まるともいえます。したがってある意味企業の究極の目的は、現金・預金を増やすことともいえます。

　しかし一方で現金・預金がありすぎても、それを他の資産で運用しな

いと企業の成長はあり得ません。企業は現金・預金を使って売れ筋商品を多く仕入れて販売したり、前向きの設備投資をしなければ成長することができません。したがって資金の運用を読むには、貸借対照表の右側のボックスで調達した資金を左側のボックスでどのように運用しているかを見なければなりません。そのバランスのさじ加減をいかに読むかが貸借対照表を読む大きなポイントです。

　資産の部は、受取手形→売掛金→在庫→車→土地・建物→リゾート会員権など、下に行くほど現金になりにくいもので運用しています。決算書を企業の安全性という視点で見ると貸借対照表の左上と右下を大きくすることが、企業経営の安全性では重要判断といえます。

② 損益計算書を読み解く術

◆図表7　損益計算書［記載例］

損益計算書
（自〇年〇月〇日 至〇年〇月〇日）

（単位：百万円）

科　目	金　額	
売上高		×××
売上原価		×××
売上総利益		×××
販売費及び一般管理費		×××
営業利益		×××
営業外収益		
受取利息及び配当金	×××	
その他	×××	×××
営業外費用		
支払利息	×××	
その他	×××	×××
経常利益		×××
特別利益		
固定資産売却益		
その他		×××
特別損失		
固定資産売却損	×××	
減損損失	×××	
その他	×××	×××
税引前当期純利益		×××
法人税、住民税及び事業税	×××	
法人税等調整額	×××	×××
当期純利益		×××

出典：前掲ひな型、56項（2021年3月9日）

損益計算書は、貸借対照表に比べて読みやすいので、大きな利益に着目しながら読み進めます。

最初に損益計算書の全体の構造を掴みましょう。

[損益計算書の構造]
売上高〔何をいくら売っているのだろう〕
〔−〕売上原価
　　売上総利益〔粗利益〕
〔−〕販売費及び一般管理費〔どんな経費を使っているのだろう〕
　　営業利益〔ここがポイント・会社の本業の利益〕
〔＋〕営業外収益
〔−〕営業外費用〔銀行借入れ等の支払利息など〕
　　経常利益〔ここがポイント・会社の実力〕
〔＋〕特別利益〔特別な要因でこの期だけで発生する〕
〔−〕特別損失〔土地の売却損など〕
　　税引前当期純利益
〔−〕法人税等
　　当期純利益〔最終利益〕

◆図表8　損益計算書の6つの利益

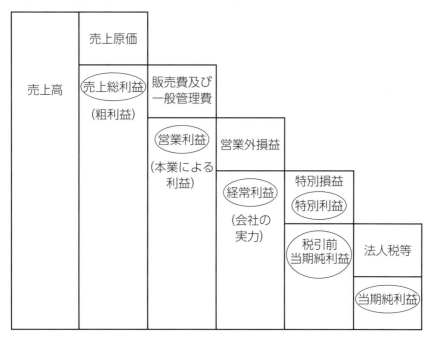

　一般的な決算書本は、損益計算書には5つの利益があると述べていますが、本書では6つの利益を読みます。損益計算書の6つの利益とは、「売上総利益」、「営業利益」、「経常利益」、「特別利益」、「税引前当期純利益」、「当期純利益」です。まずはそれを一つずつ確認するのが、損益計算書を読むポイントとなります。

　「売上総利益」は、売上高から売上原価を引いたもので、製品や商品自体の収益力（粗利益）を示しています。

　「営業利益」は、売上総利益から販売費及び一般管理費（合わせて販管費と呼ばれます）を引いたもので、その会社の本業で利益があがって

いるかどうかの判断材料になります。

　営業利益が赤字の会社は、本業で利益が出ていないことになりますから、会社を営業している意味がないともいえます。

　企業再生の観点からもこの営業利益を一番重視します。もしこの営業利益が赤字であったら、本業で利益をあげることができないので企業再生は不可能ということになります。しかし部門別、地域別、商品別などで切り出して営業利益が出ている部門があったら企業を再生する可能性があるといえます。

　「経常利益」は、本業による利益である営業利益に、企業が通常行う金融活動（支払利息など）による損益を加えたもので、企業が経常的に活動を行った結果を示しています。

　中小企業の約半数は、金融機関からの借入金があってはじめて企業活動が成り立っていますから、金融機関が融資の審査をするときには、この金融活動が考慮された経常利益に一番着目します。

　近年では雇用調整助成金など、助成金・補助金の会計上の処理の多くが営業外収益の雑収入で計上されています。したがって経常利益から真の会社の実力を見るには、経常利益からコロナ関連の雑収入を差し引いて見る必要があります。

　「特別利益」は企業の経常的な事業活動とは直接かかわりのない、特別な要因（固定資産売却益、投資有価証券売却益、前期損益修正益など）でその期にだけ発生した臨時的な利益のことです。

　一方「特別損失」は、土地の売却損など臨時的、偶発的に会社の業務内容とは関係ない部分で発生した損失のことです。

　「税引前当期純利益」は、経常利益から一過性の特別損益を差し引き

したものです。一事業年度に発生したすべての収益からすべての費用を差し引いた利益で、法人税，住民税及び事業税を差し引く前の企業の利益のことです。

　「当期純利益」は、「税引前当期純利益」から「法人税・住民税及び事業税」を控除したものです。企業の一事業年度の成果で、儲けが出た場合は「当期純利益」、損を出した場合は「当期純損失」となって表示されます。損益計算書では「当期純利益（損失)」として最終欄に表示されますが、貸借対照表では「純資産」の「繰越利益剰余金」に含まれて表示されます。

〔利益増加のアドバイス、何が一番効果があるのか〕

	現在	①10%値上↑	②仕入10%↓	③数量10%↑	④経費10%↓
売上高	100	110	100	110	100
変動費	70	70	63	77	70
(仕入) 限界利益	30	40	37	33	30
(粗利) 固定費	20	20	20	20	18
(経費) 利益	10	20	17	13	12
利益増加		+10	+7	+3	+2

　この表は、利益を増加させる4つの視点を示しています。それは値上げをするか、仕入原価を下げるか、売上数量を増やすか、経費を下げるかの4つです。

　各々10%上げたり下げたりした場合、何が一番効果があるのかといえば、値上げです。

　金融機関の行職員は、本業支援で利益を出すために、お客様に経費の削減を提案しがちです。しかしこの表を見れば、実はそれが一番効果の薄いことに気がつくはずです。お客様支援の視点は、マイナスの発想ではなくプラスの発想が必要です。お客様に対しては、経費をいかに有効に使って、売上・利益をアップさせるかという発想に切り替えましょう。

　「値上げをしたらお客様が減ってしまいました」

　「そうですか、でもそのうちお客様は戻ってきますから大丈夫ですよ」

　これは筆者とクライアント企業との会話です。確かに「値上げをした」という事実だけで離れる一定数のお客様はいます。しかしそのお

客様は、1円の値上げでも一時的に離れます。値上げ金額、値上げ率にかかわらず一定数が離れるのであれば、それを見込んだ値上げをしたほうが得策です。原価が上がった以上に、またそれに利益を加えた強気の値上げを検討します。なぜなら弱腰の値上げは、ただ単にお客様が流出するだけだからです。商品力・サービス力・ブランド・老舗・技術力など特徴・差別化できていれば、利益を増加させるための値上げは心配ありません。また経験則から言えば、強気な値上げにより一時的にお客様の数は減るかもしれませんが、半年以内には元に戻ります。

　値上げをしてお客様が大量に離れるとしたら、それは値上げのせいではありません。お客様とのコミュニケーションの取り方に問題があるか、または商品そのものの品質が価格に見合っていないのが原因と考えられます。

③ キャッシュフロー計算書を読み解く術

キャッシュフロー計算書は、会社の期初からどのようにキャッシュが出入りして、期末の残高がいくらになるのかを計算するための財務諸表です。営業活動・投資活動・財務活動によるキャッシュフローに区分され表示されます。

キャッシュフロー計算書の作成義務があるのは、金融商品取引法の規制を受ける上場会社等のみですから、中小企業や個人事業主には作成義務がありません。

キャッシュフロー計算書で把握するキャッシュとは、現金及び現金化が容易な普通預金や当座預金、流動性の高い3ヶ月以内に満期日が来る定期預金、3ヶ月以内に償還日が来る公社債投信など、ほとんど現金として扱うもので、原則換金が難しく価値の変動の激しいもの、繰延税金資産のような換金価値がないようなものは、キャッシュに含まれません。

キャッシュフロー計算書には、直接法と間接法の2種類があります。その違いは営業キャッシュフローの表示方法です。直接法では、商品の販売や仕入れ、経費の支払いといった主要な取引ごとに総額を記載する方法で、正確に記載するためには、実は時間と手間がかかります。

◆図表9　キャッシュフロー計算書［記載例］〔直接法〕

営業収入	×××
原材料又は商品の仕入支出	×××
人件費支出	×××
その他の営業支出	×××
小計	×××
利息及び配当金の受取額	×××
利息の支払額	×××
損害賠償金の支払額	×××
法人税等の支払額	×××
営業活動によるキャッシュフロー	×××

本業でしっかり
稼ぐことが
できたか
望ましいのは
プラス

有価証券の増減	×××
固定資産の増減	×××
投資有価証券の増減	×××
貸付金の増減	×××
その他投資活動による増減	×××
投資活動によるキャッシュフロー	×××

投資をどれだけ
行ったか
望ましいのは
マイナス

短期借入金の増減	×××
長期借入金の増減	×××
社債の増減	×××
リース債務の増減	×××
資本金の増減	×××
自己株式の増減	×××
配当金の支払額	×××
その他財務活動による増減	×××
財務活動によるキャッシュフロー	×××

お金をいくら
借りたか、
返したか

現金及び現金同等物の増減額	×××
現金及び現金同等物の期首残高	×××
現金及び現金同等物の期末残高	×××

期末時点で
現金がいくら
残ったか

間接法では、損益計算書の税引前当期純利益に対し、非資金損益項目、投資活動や財務活動の区分に含まれる損益項目、営業活動に関する資産・負債の増減に加減して表示します。直接法に比べ、作成に手間がかからないため間接法を採用する企業の方が多いのです。

◆図表10　キャッシュフロー計算書［記載例］
　　　　〔間接法の営業活動によるキャッシュフロー〕

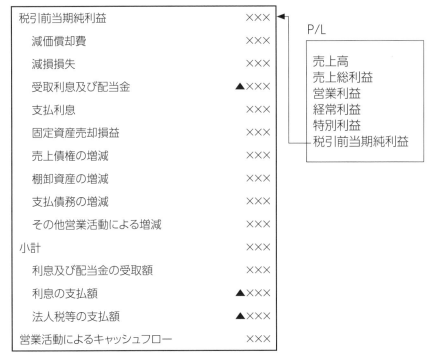

　間接法の営業活動によるキャッシュフローは、現金の動きに関する部分だけを計算します。具体的には、図表10のように、損益計算書の税引前当期純利益を出発点として表示しますので、利益と資金収支の関係が明らかになります。

　減価償却費等の非資金項目については、利益に足していきます。

資産の増減額については、期首と期末の金額を比較して増加した場合は、その増加額を利益から引き、減少した場合はその減少額を利益に足します。

　負債の増減額については、期首と期末の金額を比較して増加した場合は、その増加額を利益に足し、減少した場合はその減少額を利益から引きます。

　キャッシュフロー計算書は、「営業活動によるキャッシュフロー」（以下、営業CFという）「投資活動によるキャッシュフロー」（以下、投資CFという）「財務活動によるキャッシュフロー」（以下、財務CFという）の3つに区分されて表示されます。

　営業CFは、本業の営業活動によるキャッシュの出入りを表します。したがって最終的にプラスとなるのが望ましいといえます。

　投資CFは、投資（固定資産の取得や売却、有価証券の購入や売却など）によるキャッシュの出入りが表されています。したがってどちらかといえば最終的にマイナスとなるのが望ましいといえます。

　財務CFは、資金調達（借入金の調達や社債の発行など）がらみのキャッシュの出入りを表します。例えば金融機関から融資を受けていくら資金が増えたか、どれだけ返済していくら減ったかなどが表されます。

　そして最後に残ったフリーキャッシュフローが、会社の自由に使えるキャッシュというわけです。

◆図表11　キャッシュフロー計算書〔間接法〕

キャッシュフロー計算書　　　　　　　　　　（金額）

営業活動によるキャッシュフロー	
税引前当期純利益	
減価償却費	
売上債権の増加	
仕入債務の増減	
法人税等支払	
営業活動によるキャッシュフロー	1
投資活動によるキャッシュフロー	
有価証券の取得	
有価証券の売却	
固定資産の取得	
固定資産の売却	
投資活動によるキャッシュフロー	2
財務活動によるキャッシュフロー	
借入金の増加	
借入金の返済	
財務活動によるキャッシュフロー	3
現金及び現金同等物の増加額	1＋2＋3＝4
現金及び現金同等物の期首残高	5
現金及び現金同等物の期末残高	4＋5

〔企業の持続性を高めるには、アンゾフの成長戦略を活用する〕

　新型コロナウイルスの感染拡大により経営環境が大きく変わってしまったとの声を、中小企業からよく聞きます。リーマンショック、コロナ禍とほぼ10年サイクルで大きな経済変動がありますが、今後の見通しも不透明ななかで、環境変化に不安を抱えている経営者も多いと思います。

　このように経営を取り巻く環境が大きく変わるなかで、企業の持続性を高めるには、どのような成長戦略をとればよいのでしょうか。そのヒントとなる考え方、フレームワークの一つが「アンゾフの成長マトリクス」です。

出典：経済産業省「ミラサポplus中小企業向け補助金・総合支援サイト」

　アンゾフは、成長戦略を「製品」と「市場」の2軸におき、それをさらに「既存」と「新規」に分けました。

　1つ目のマトリックスは、既存製品×既存市場の「市場浸透戦略」です。これはいままでの市場に、既存の製品やサービスを投入して、売上高や市場シェアの拡大をめざす戦略です。市場浸透戦略では、製品の認知度を上げたり、購入意欲を高めたりすることが戦略の主な目

的となります。では具体的な戦略を見てみましょう。

　戦略①は、値上げです。まずは不採算の商品は、元々赤字だから減ってもかまいません。商品をなくす前に値上げして市場の反応を見ます。それでも売れなかったらその商品からは撤退します。

　戦略②は、重ね売りです。今ある商品を同じお客様に別個買ってもらう戦略です。有名な方法としては、マクドナルドのハンバーガーを買った人に、ドリンクやポテトを勧める方法です。例えば、建築業者がリフォームを勧める、スーパー・コンビニがレジ周りに甘いものを置き、自然と手に取ってもらう戦略です。

　長い商売経験があると、あることに気づきます。それはたくさん物を買うお客様は、もっと買うということです。さらにもっと買うお客様は、もっともっと買います。既存の顧客に既存の商品をもっともっと買ってもらうのは、市場浸透戦略のキホンのキです。

　戦略③は、特売商品・目玉商品で集客し、利益の上がるものを重ね売りする方法です。例えばドラックストアは、集客の目玉商品で安い野菜や豆腐を売っています。それで大きく集客し、重ね売りで利益率の高い薬を手にとってもらう戦略です。

　２つ目のマトリックスは、新規製品×既存市場の「新製品開発戦略」です。これはいままでの市場に、新しい製品やサービスを投入して、売上を拡大しようとする戦略です。既存市場のニーズに対応した製品やサービスを開発すること、競合と差別化を図ることができる製品やサービスを開発することがポイントになります。

　戦略①は、新商品の重ね売りです。これは既存客に対して信頼があるからこそできる方法で、例えばMacのPCを使っている人にi-phone、長く使え壊れなかったカシオの電卓愛好者にGショック、会計事務所が税務顧問先に企業防衛保険やMAS監査（企業のPDCA

を回す会議商品）を売るイメージです。

　新商品を作り続けるのは、企業の宿命です。同じ商品が10年も売れ続けるほど、現在の外部環境は甘くはありません。新商品を作るのであれば、既存客に売れる新商品を開発するのが得策です。お客様は、新しいものを使ってみたいという欲求があると同時に、誰も使ったことがないのに大丈夫かという不安が付きまといますが、既存のお客様であれば、企業との過去の信頼関係によりこの不安が薄くなるのでうまくいきます。

　3つ目のマトリックスは、既存製品×新規市場の「新市場開拓戦略」です。これは、既存の製品やサービスを新しい市場に投入する戦略です。新規市場として一番思い浮かべるのが、地域だと思います。例えば岐阜の大手会計会社が名古屋に進出するというイメージです。これは自社の信頼を新しい地域で売る戦略で、既存製品の海外進出・海外展開も新市場開拓戦略の一例といえます。

　新規市場は、地域だけではありません。例えばアデランスは当初は男性アイテムでしたが、今では女性アイテム（ウィッグ）が主流となっています。当初は働く男子がターゲットだったワークマンが、ワークマン女子、レディスワークマン、フィッシングワークマン、トレッキングワークマン、山ガールワークマンなど新市場には限りがありません。

　4つ目のマトリックスは、新規製品×新規市場の「多角化戦略」です。これは新しい市場に新しい製品やサービスを投入する戦略です。多角化戦略は、ほとんど経験のない新市場に、売れるかどうかわからない新製品を投入するためリスクの大きい戦略です。またマーケティングのコスト、製品・サービスの開発コストがかかるなどのリスクも

あります。

　この戦略は、リーマンショックやコロナ禍などの大きな経済変動によって売上が消滅するなどの状況下で、リスクがあっても新しい収益源を求めざるを得ない時などに取られるハイリスク・ハイリターンの戦略です。

　中小企業は、平時の経済環境では、この戦略はあまり取らない方がいいかもしれませんが、ポストコロナの時代では例外です。ポストコロナの時代は、事業環境の激変によりビジネスモデルの転換、新たなビジネス開発、事業再構築を考えている企業も多いと思いますが、企業の持続性を高めるためには必要な戦略です。

　このようにアンゾフの成長マトリックスを活用して、企業の持続性を高める戦略を考えることはとても重要なのです。

4 財務三表のつながり

◆図表12 財務三表のつながり

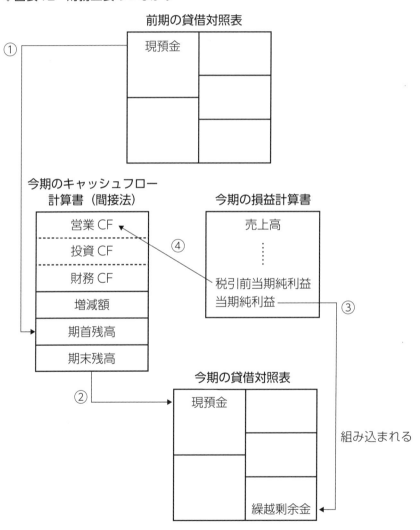

前期の貸借対照表

現預金	

①

今期のキャッシュフロー計算書（間接法）

営業 CF
投資 CF
財務 CF
増減額
期首残高
期末残高

④

今期の損益計算書

売上高
⋮
税引前当期純利益
当期純利益

③

②

今期の貸借対照表

現預金	
	繰越剰余金

組み込まれる

財務三表の全体を俯瞰すると、そのつながりが読めてきます。財務三表は図表12のように、現預金と利益でつながっています。

　①前期の貸借対照表における現預金は、今期のキャッシュフロー計算書の期首残高につながります。

　②今期のキャッシュフロー計算書の期末残高は、今期の貸借対照表の現預金につながります。

　③今期の損益計算書の当期純利益は、今期の貸借対照表の繰越剰余金に組み込まれます。

　④間接法のキャッシュフロー計算書では、今期の損益計算書の税引前当期純利益を出発点として使います。

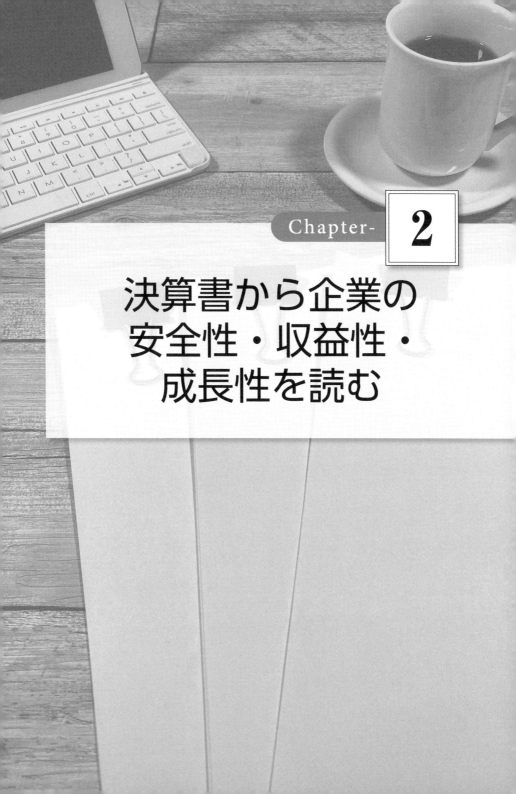

Chapter- 2

決算書から企業の安全性・収益性・成長性を読む

決算書からはさまざまなことが読み取れます。基本となるのは、貸借対照表からは企業の安全性、損益計算書からは企業の成長性が読み取れるということです。

 貸借対照表の重要比率（安全性を見る）

① **自己資本比率**

　自己資本比率は、総資本のうち返済しなくてもいい資金（自己資本）の比率です。したがって比率が高い方が安全性に優れているといえます。一般企業の場合は、30％以上が安全の一つの目安となり、50％を超えると倒産しにくいといわれています。

$$自己資本比率（\%）= \frac{自己資本}{総資本} \times 100$$

◆図表13　自己資本比率

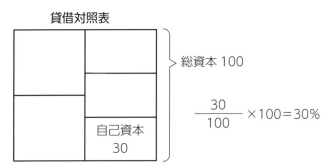

② 流動比率・当座比率

　流動比率と当座比率は、しっかりと支払いができるキャッシュがあるかという手元流動性を表す指標です。流動比率は150%、当座比率は100%以上あるのが望ましいといわれ、それぞれ100%、80%を切るようになると資金繰りが厳しくなります。企業はいくら利益が出ていても、資金繰りに詰まれば倒産します。その意味で流動比率と当座比率は、非常に重要な指標です。

　コロナ禍では、当座比率は100%では不十分で、最低限150%、目指すは300%といわれています。

$$流動比率（\%）= \frac{流動資産}{流動負債} \times 100$$

◆図表14　流動比率

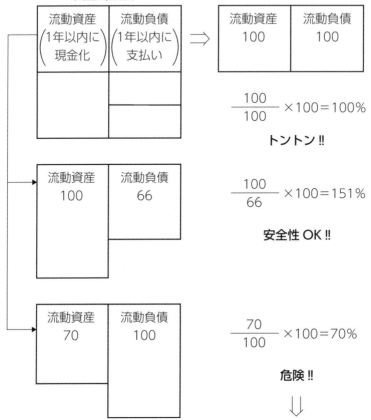

※1年以内に支払わなければならない流動負債を1年以内に現金化が
可能な流動資産でまかないきれていない‼

$$当座比率（\%）= \frac{当座資産}{流動負債} \times 100$$

当座資産とは、流動資産のうち換金性が高いもので、現金・預金、受取手形、売掛金、有価証券の合計です。

◆図表15　当座比率

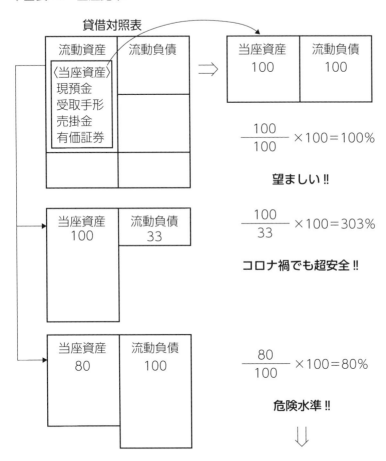

※１年以内に支払わなければならない流動負債をすぐに現金化が可能な当座資産でまかないきれていない!!

③　固定比率・固定長期適合率

　企業の安全性を見るうえでは、長期的な支払能力を見ることも重要です。固定比率と固定長期適合率は、土地・建物などすぐにキャッシュにならない資産が、どれだけ返済しないでよい資金（自己資本）、もしくは長期で返済すればよい資金（固定負債）で賄われているかを示す指標であり、100％を切るのが望ましいです。

$$\text{固定比率（％）} = \frac{\text{固定資産}}{\text{自己資本}} \times 100$$

◆図表16　固定比率

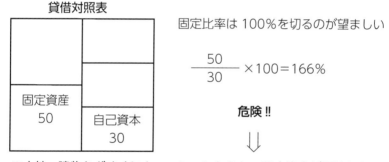

貸借対照表

固定資産 50

自己資本 30

固定比率は100％を切るのが望ましい

$$\frac{50}{30} \times 100 = 166\%$$

危険!!

⇓

※土地・建物などすぐにキャッシュにならない固定資産が返済しないでよい自己資本でまかなわれていない。

　もし固定資産を自己資本で賄えなかった場合には、賄えなかった残額につきできる限り長期で返済する資金で賄いたいと考えます。

$$\text{固定長期適合率（％）} = \frac{\text{固定資産}}{\text{自己資本＋固定負債}} \times 100$$

固定長期適合率が100％を超えている場合は、長期にわたって使う資産の一部を、短期資金で賄っているので、資金繰りが破綻する可能性があります。

◆図表17　固定長期適合率

貸借対照表

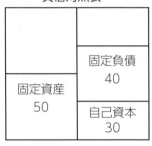

固定長期適合率は100％を切るのが望ましい

$$\frac{50}{70} \times 100 = 71\%$$

安全‼　100％切りが望ましい

貸借対照表

流動資産	流動負債
固定資産 70	固定負債 40
	自己資本 20

$$\frac{70}{60} \times 100 = 116\%$$

100％超⇒危険‼（資金繰り大丈夫か？）

※長期で使う固定資産の一部を流動負債（短期資金）で調達している状態で、長期資金若しくは自己資本でまかないきれていないので危険な状態。

② 損益計算書の重要比率 （収益性・成長性を見る）

損益計算書からは、企業の収益性と成長性を読みます。

① 企業の収益性

・総資本経常利益率

　例えば金融機関の行職員が、融資の返済が継続的に可能であるかを見るには、企業の収益性の指標を読むことは欠かせません。収益性の指標には、売上高と利益に着目した売上高総利益率、売上高営業利益率、売上高経常利益率等がありますが、本書では総資本経常利益率に着目します。

　総資本経常利益率は、貸借対照表における投下総資本の合計で、どれだけの経常利益を生み出したかの指標です。特にこの指標に着目するのは、経常利益が企業の財務活動も含めた事業活動による利益であること、分母と分子に売上高をかけることによりさらに深掘りができるからです。

$$総資本経常利益率（\%）= \frac{経常利益}{総資本（総資産）} \times 100$$

◆図表18　総資本経常利益率

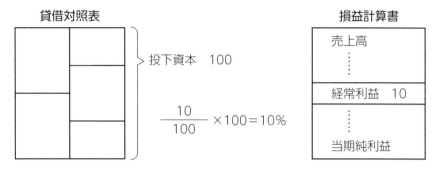

　総資本経常利益率の平均値は、業種によって大きく異なります。全産業のおおよその目安は4～5％といった水準です。

　参考までに業種のおおよその目安をあげますと、最も数値が高いのが自動車業で8％台、一方低いのは飲食業で2％前半といったイメージです。

　その他の業種では、製造業5％台、小売業4％前後、不動産業3％前後、情報通信業7％台といったイメージです。

　総資本経常利益率は、売上高をかけることにより、総資本回転率と売上高経常利益率に分解することができます。分解した結果、総資本回転率に問題があれば資産の効率性が悪いことが想定され、売上高経常利益率が問題であれば収益率が悪いことを意味します。

$$\text{総資本経常利益率(\%)} = \frac{\text{経常利益}}{\text{総資本(総資産)}}$$
$$= \frac{\text{売上高}}{\text{総資本}} \times \frac{\text{経常利益}}{\text{売上高}} \times 100$$
（総資本回転率）　（売上高経常利益率）

　収益性の指標を読むには、過去の流れから将来を予測する視点、同規模企業の業界平均との比較を行うことが重要となります。

② 企業の成長性

　企業の成長性の分析は、過去と比較してどうかという分析になります。売上高と各利益段階での増加率を見るのが一般的です。

$$\text{売上高増加率} = \frac{\text{当期売上高}}{\text{前期売上高}} \times 100 \qquad \text{経常利益増加率} = \frac{\text{当期経常利益}}{\text{前期経常利益}} \times 100$$

$$\text{営業利益増加率} = \frac{\text{当期営業利益}}{\text{前期営業利益}} \times 100 \qquad \text{粗利益増加率} = \frac{\text{当期売上総利益}}{\text{前期売上総利益}} \times 100$$

◆図表19　成長性の指標

前期損益計算書		今期損益計算書	
売上高	80	売上高	100
売上総利益	40	売上総利益	50
営業利益	20	営業利益	25
経常利益	8	経常利益	10

売上高増加率
$$\frac{100}{80} \times 100 = 125\%$$

粗利益増加率
$$\frac{50}{40} \times 100 = 125\%$$

営業利益増加率
$$\frac{25}{20} \times 100 = 125\%$$

経常利益増加率
$$\frac{10}{8} \times 100 = 125\%$$

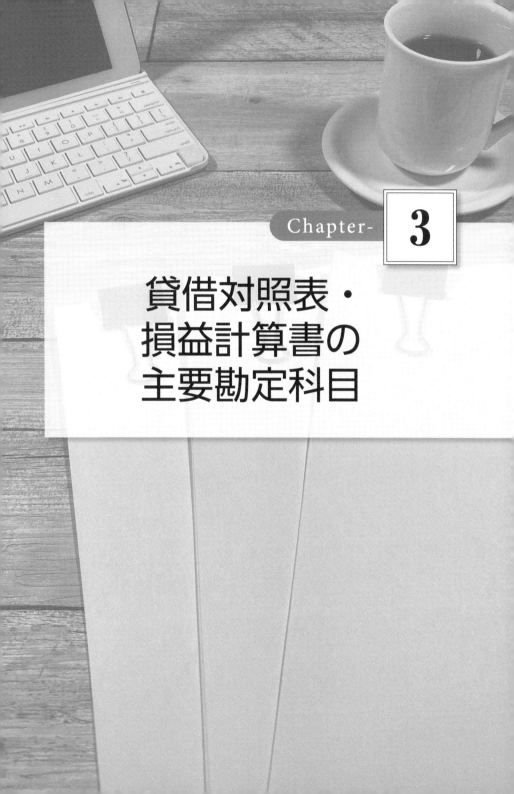

Chapter- **3**

貸借対照表・損益計算書の主要勘定科目

1 貸借対照表の重要な勘定科目

⑴ 現金及び預金

　現金及び預金（以下、現預金という）は、融資先企業が何かあった時に備えて、資金がすぐに用意できるよう極大化しておく必要のある勘定科目です。

　企業は現預金がなくなると倒産します。その意味では現預金は企業にとっては最も重要なもので、現預金をいかに大きくするかで企業の寿命が決まるともいえるものです。また受取手形が回収不能になってしまった、売掛金が未回収になってしまったなどの緊急事態が起きたとしても、現預金があればすぐに対処できます。

　現預金を見るときは、まず総額がどれくらいあるかをチェックします。その一つの目安は月商の３倍程度といわれますが、コロナ禍など経済環境が不安定な時は５倍程度にはしておきたいものです。したがって長期借入金でもって現預金を増やすことは、経済環境によっては間違いではないといえます。

●現預金等の推移（現預金が増加）

(単位：百万円)

	前期		今期
現預金	100	→	300
長期借入金	200	→	400

　前期と比較して現預金が増加している場合、利益を順調に計上できたか、金融機関から融資を受けて現預金を増やしているケースが多いといえます。

●現預金等の推移（現預金が減少）

（単位：百万円）

	前期		今期
現預金	300	→	100
固定資産	200	→	400

　逆に前期と比較して現預金が減少している場合、支払能力が低下していると早合点してはいけません。その企業は、現預金を使って売れ筋商品を多く仕入れて販売チャンスを掴んでいるのかもしれないし、前向きの設備投資をして将来の売上・利益に大きく貢献する土台を作っているのかもしれません。

　金融機関の視点からは、新たな設備投資による販路拡大を見込んでいるケースであれば、ビジネスマッチングに結びつけることができます。
　現預金が減って固定資産が増えている場合は、固定資産の建物、機械及び装置、土地などの内容を調べどのような設備投資を行ったのか、それがどんな企業戦略で、どのような効果があるのかということを確認します。どのような投資効果があるのかを調査することで、より詳しい企業の実態把握ができます。
　現預金は企業の安全性の面では大変重要ですが、一方で現預金を多く持つことは、非効率な経営につながることがあることも、頭の片隅に置いておきましょう。

⑵　受取手形及び売掛金

　受取手形及び売掛金（以下、売上債権という）は、基本的に売上高の増減に合わせて推移していく勘定科目です。売上高が増加すれば売上債権は増加し、売上高が減少すれば売上債権も減少するのが一般的です。

●売上債権等の増減トレンド(1)

(単位：百万円)

	前々期		前期		今期
売上債権	50	→	60	→	70
売上高	500	→	520	→	540

　したがって売上高が減少しているか横ばいであるにもかかわらず売上債権が増えている場合は、売上の動きと売上債権の動きとの整合性をチェックし、売上債権の中に過去にわたって残高に変動がないなどの不良債権（貸倒債権）が含まれていないか、架空計上はないかを調査します。

●売上債権等の増減トレンド(2)

(単位：百万円)

	前々期		前期		今期
売上債権	50	→	60	→	70
売上高	500	→	490	→	480

　売上債権の増加要因を考えると、不良債権が発生している、債権回収の遅延・漏れが発生している、売掛金・受取手形のサイトが長期化している、粉飾決算をしているなどの経営課題が見えてきます。これらは資金繰り悪化に直結する事象であり、融資の審査上も十分にその内容を調べなくてはなりません。

　粉飾決算が疑われない場合は、不良債権の発生や回収の遅れかが起きていることが推測されます。その場合、決算書の附属明細の受取手形・売掛金の明細を3期並べてみて、毎期同じ取引先、同じ金額、似た金額、切りのよい金額があれば不良債権が疑われます。

　また毎期詳しい取引先の受取手形・売掛金明細が付いていたのにもか

かわらず、直近期に突然その他で一括りにされていたら、不良債権を隠している可能性があります。

　また相手先がすでに倒産している、破産している、民事再生などの法的手続き中など回収不能の債権をそのまま計上しているケースもあります。

　これらの粉飾の発見には、売上債権回転期間を計算し同業同規模他社平均と比較します。この期間が長い場合には、その他に一括りされている内容を確認するために、売掛金台帳を見せてもらい、残高が正しいかを確認することで粉飾かどうかがわかります。

　売掛金・受取手形のサイトが長期化している場合の要因は、「企業が販売先に対する交渉力が弱くなっている」、「商品を積極的、無理に売り込むために回収条件を緩くしている」などの経営課題が考えられます。それらは資金繰り悪化の兆候であるため、そのような会社から運転資金の申し出があった場合は慎重に検討します。

⑶　棚卸資産

　一般的に棚卸資産は少なければ少ないほど、資金が寝ていないことになるので、会計的には良い傾向だといます。棚卸資産が増加するとそれに付随して保管費用などさまざまなコストがかかりますから、いきおい資金効率が悪くなります。

　しかし一方で棚卸資産が少なすぎると販売チャンスを逃すことになり、営業的には大きな問題となります。このように企業にとって棚卸資産は、いかにバランスを取り、適正に保つことができるかが重要となります。

●棚卸資産の増減トレンド

（単位：百万円）

	前々期		前期		今期
棚卸資産	400	→	300	→	500
売上高	1,200	→	1,300	→	1,200

　棚卸資産の増減トレンドを見ると、前期は1億円減少しています。売上高が増加しているので、このケースでは、「販売が好調である」、「在庫管理システムを導入して徹底した」などの良い要因が考えられます。

　一方で棚卸資産の減少の要因が不良品を処分したケースでは、原価割れによる損失が発生している可能性を考えなければなりません。

　今期は棚卸資産が2億円も大幅増加しています。売上高が減少傾向にある中での在庫の増加なので、これは悪い在庫なのか、戦略的在庫なのかを見極める必要がでてきます。企業活動での棚卸資産は過剰になる傾向があります。それは棚卸資産が多くあれば、営業活動や生産活動がしやすいからです。棚卸資産を読む時は、同業種同規模の棚卸在庫平均と比べる必要があります。

　適正在庫を見るには、棚卸資産回転期間を算出して、業界平均と比べます。

　今期の棚卸資産回転期間の計算は、棚卸資産5億円÷売上高12億円×365＝152日で計算できます。仮に業界の平均値と比べて棚卸資産回転期間が長ければ、不良在庫を疑うことになります。

　棚卸資産は勘定科目の内訳書を確認し、取引先につき前年と比べ切りのよい数字が増えている場合も注意が必要です。例えば前期商品53,258,235円が今期58,258,235円のように、切りよく5百万円増えているようなケースですと、数字だけ見ているとわかりませんが、棚卸資産がそんなに切りがよく増えるはずがないので粉飾が疑われるというわけです。

棚卸資産では、滞留在庫がないかも注意してみます。滞留在庫とは、売れる見込みのない商品のことで、具体的にはもうすぐ賞味期限を迎えるもの、パッケージに損傷があり販売できないもの、傷や汚れがある不良・破損品などが該当します。これらは今後利益となる可能性は極めて低い在庫ですので、こうした在庫を発見した場合は、実態ベースに置き換えて評価減をして決算書を読む必要があります。

⑷　有価証券

　有価証券とは、国債・地方債・社債・株式・投資信託などをいい、売買目的有価証券（時価の変動により利益を得ることを目的として保有するもの）、満期保有目的の債券（企業が満期まで保有することを目的としていると認められる社債その他の証券）、子会社株式、関連会社株式、その他有価証券などに分類されます。有価証券はその保有目的により、評価方法や科目区分が厳密に分けられています。

　決算書を見て、有価証券が増えている場合は、勘定科目明細からその内容を確認する必要があります。有価証券が増えるケースとしては、社長が投機目的で株式や投資信託を購入しているようなケース、取引の関係で株式を購入させられるケースなどが一般的です。

　そのうち前者の場合は注意する必要があります。なぜならそうした有価証券の残高増加は、企業の資金繰りに影響するばかりか、市況により大きな損失を出すケースがあるからです。信用取引をやってないか、特定銘柄への集中はないか、誰が有価証券の売買の決定をしているのか、会社の総意で行っているのか、それとも社長の独断で行っているのかなど掘り下げてヒアリングをする必要があります。

　一方で後者の場合には、購入した有価証券先とのつながりが強化され、今後の売上・利益の拡大につながるケースがあります。その場合は、取引先企業の資金繰りの状況を見ながら、自行庫での有価証券購入

資金融資を検討する旨を伝えてもいいかもしれません。

⑸ **貸付金**

貸付金は、会社のお金を誰かに貸している時に発生します。一般的には取引先から資金繰り支援を要請された会社に貸し付けた、資金調達能力が弱い子会社や関連会社に資金を融通した、役員貸付金として社長等役員に対して貸し付けたなどのケースが多いものです。

第三者への貸付金は、その回収可能性を精査することが必要です。はたして回収ができるのか、貸倒れの可能性はないか、回収までどれくらいの時間がかかるのかを調べます。

子会社や関連会社への貸付金も同様な精査をすることは必要ですが、その内容を調査することでグループ全体の実態把握と信用調査をすることができます。

貸付金の中で最も気をつけなければならないのは、役員貸付金です。その資金使途が経営者の有価証券投資、先物投資、高級車・自宅・贅沢品購入、役員報酬減額の補填による生活費などに使われるケースが多くみられます。役員個人への貸付金はそこからの返済原資を生みませんから、ずっと塩漬けになるケースが多く、その場合は資産性を見ることができません。

そもそも一般会社は金融業を行っているわけではありませんから、その意味では発生しない勘定科目です。

金融機関の視点では、融資した資金が本来の資金使途に使われてなかった可能性も疑われ、貸付金の調査は融資審査に大きな影響を及ぼす勘定科目です。

⑹ **支払手形**

支払手形とは、例えば商品の支払代金を今ではなく、後の支払期日に

支払うことを約束するために振り出される手形のことです。

　支払手形はリスクの高い勘定科目で、これを切っている企業は、危険な企業といえます。なぜなら支払手形が２回不渡りになると銀行取引停止処分となり、倒産とみなされるからです。

　筆者は、優良中小企業で支払手形の勘定のある決算書を見ると、支払手形をなくすための融資を提案することがよくありました。金融機関から見ても、支払手形を切っていない決算書には、妙な安心感があります。

　支払手形をやめて現金払いに変更することで、取引の相手方は資金繰りが良くなることから、その交渉材料として値引き交渉が可能となります。

Column

〔約束手形の廃止〕

　経済産業省が2026年を目処に約束手形の利用を廃止すると発表しています。長年の商慣習であった約束手形は、もはやデジタル化の時代に合わなくなってきたということでしょう。しかし企業間信用の代名詞であった約束手形がなくなっても、その商習慣は「でんさい」といった形で存続します。

　支払手形の発行残高は、1990年度の約107兆円をピークに減少し、近年では約25兆円程度で推移しています。それをすべて消滅させることは企業の資金繰り維持の観点で困難ですから、紙の約束手形はなくなりますが、それは形を変えてすでに「でんさい」という名で存続しています。

　「でんさい」とは、株式会社全銀電子債権ネットワークが取り扱う電子記録債権です。2013年から取り扱われており、多くの企業において利用されています。電子記録債権の会計処理は、決算書上では手形債権に準じて取り扱いされており、売掛金、買掛金など貸借対照表上区別される電子債権取引については、電子記録債権、電子記録債務

の勘定科目で会計処理がされています。したがって支払手形はやがて電子記録債務という勘定科目に取って代わるということになります。

　「でんさい」においても「支払手形」と同じような不渡り処分があります。「でんさい」で支払えない、すなわち不渡り状態になった場合は、支払不能処分制度があり、6ヶ月以内に2度目の支払不能になった場合は、取引停止処分となります。その場合、でんさいネットを利用している金融機関と2年間の貸出取引が禁止され、でんさいネットの債務者としての利用が2年間禁止されることになります。ですから支払手形と同じように、電子記録債務はリスクの高い勘定科目といえるのです。

(7) 買掛金

　買掛金は、商品や原材料などの仕入代金の未払分のことです。買掛金は、一般的には売上高の残高に合わせて動きます。したがって売上が増加すれば買入債務も増加し、売上が減少すれば買入債務も減少します。

　決算書からは前期と当期の買掛金の残高を比較してその変化を把握しますが、会社の規模が大きく変化しない限りは、買掛金が大きく変化することはありません。したがって買掛金が増えているということは、ビジネス上で売上が伸びたなどの大きな変化があったことを意味します。

　売上が増加トレンドにあり、買掛金が増加している場合は、商売がダイナミックに動いているということです。その場合、売掛金の回収状況、棚卸資産の増加状況に問題がなければ、金融機関の視点では、増加運転資金の提案をするチャンスといえます。

　買掛金の増減トレンドを見ると売上高が減少しているのに伴って、買入債務も減少しています。一見すると特に不自然さを感じません。このような場合、買掛金から企業の経営課題を発見するには、買入債務回転

期間を計算して見ます。

●買掛金の増減トレンド

(単位：百万円)

	前々期		前期		今期
買掛金	200	→	180	→	160
売上高	1,200	→	1,190	→	1,180
買入債務回転期間	2.0	→	1.8	→	1.6

　買入債務回転期間は、買入債務（支払手形＋買掛金）÷平均月商で計算できます。買入債務回転期間は、買入債務の支払いまでの期間を表す数字で、過去の決算書と比較して支払いサイトが長期化しているか、または短期化しているかをみる指標です。

　この指標が短ければ短期間で支払わなければなりませんし、長ければ支払いまでに余裕があることを示します。

　買入債務の支払条件は、突然に大きく変わりませんから、回転期間が短期化している場合は、そこに経営課題が見つかります。

　買入債務回転期間が短くなっている傾向が表れていても、その短期化傾向の原因が仕入単価の引下げを行うための現金仕入や支払いサイトの短縮化を行っているのならば問題はありません。

　しかし取引先から信用不安などを原因として現金払いの要求や支払いサイトを短縮させられているなど、不利な取引条件を押し付けられているとしたら問題となります。

　買掛金の増加は、企業の資金繰りの悪化要因の一つです。そのような場合金融機関の行職員は、「仕入先に対し支払いサイトを長くするように交渉したらどうか」とのアドバイスをしたくなりますが、これには注意が必要です。なぜならそのように取引先と交渉することで、相手先か

ら支払いが苦しいのではないかなどの信用不安を流布される危険性があるからです。

　買掛金の支払いを遅くするには、最初の取引時の交渉が肝心となります。金融機関は企業に対し、今後新規仕入先と取引する時には、その支払い条件を最初から有利に決めることをアドバイスしましょう。

⑻　未払金

　未払金とは、通常の取引に関連して発生する未払金で買掛金以外のもの、及び固定資産や有価証券などの資産の購入その他通常の商取引以外の取引によって発生した未払金で、発生後1年以内に支払われるものをいいます。

　買掛金との違いを具体的にいいますと、例えば婦人服小売店のケースでは、婦人服の仕入れで発生した代金支払債務は買掛金であり、商品の配達をする車を購入した時の代金支払債務は未払金となります。

　未払金が発生したということは、何かを購入しその代金を支払わなければならないということです。金融機関の視点では、未払金が発生している場合に、何を購入し、その購入資金をどのように調達するのかをヒアリングします。

　例えば車のような固定資産の支払いの場合は、その購入目的の妥当性をしっかりと確認したうえで、支払資金に対する融資セールスに結びつけることができます。

　また金融機関の子会社にリース会社がある場合は、その情報を基にリースを勧めます。

　例えば法人であればカーリースは購入よりメリットがあるといわれています。すなわち車に関するリース料は全額経費処理扱いになり、車両のリース代金はもちろんのことリース期間の自動車税や重量税などの税金、法定点検や車検などの費用、オイル交換などの消耗品の費用なども

費用計上ができ、節税の効果が期待できます。トータルコストや財務諸表の健全化にもつながり、関連会社の取引拡大に大きく貢献できます。

　最後に財務諸表に通常の取引による未払金がある場合は、長期の未払いとなっているものがないかもチェックしましょう。

(9)　長期借入金

　長期借入金とは、返済期間が1年超の借入金のことで、毎月の返済が伴う証書貸付の方法で融資が実行されます。長期借入金は、一般的に設備資金や長期運転資金の借入れで発生します。

　金融機関は、手形貸付の継続が条件変更に当たるという過去の金融検査の影響で、新規融資を証書貸付（長期借入金）で取り組む傾向にあり、決算書の附属明細を見ると多くの金融機関から多数の証書貸付で融資を受けている企業が多くみられます。こうしたケースでは、企業にとって借入本数が多くなり、管理が煩雑となるのと同時に、毎月の返済も多額になり資金繰りにも影響を与えることになります。

　金融機関担当者は、このような決算書を目にした場合は、まずは融資の資金使途が設備資金か、長期運転資金かを確認し、運転資金については長期で一本化することを検討・提案します。金融機関にとっては新規融資を獲得するメリット、取引先には資金繰りが楽になるというメリットが生じます。

●長期借入金と短期借入金の増減トレンド

（単位：百万円）

	前々期		前期		今期
短期借入金	0	→	0	→	0
長期借入金	300	→	400	→	500

上記の長期借入金等の増減トレンドをみると長期借入金が毎期1億円ずつ増えています。このままいくと借入金の返済本数が増えることにより資金繰りに苦しむという経営課題がみえてきます。

　一方で短期借入金はゼロで推移しています。金融機関の視点からは、ここにこの経営課題を解決する提案が隠れています。

　借入金増加を原因とする資金繰り悪化に対応するためには、短期借入金と長期借入金のバランスを考えることが重要です。

　企業の正常運転資金に対応する融資は、短期借入金で対応するのが基本です。すなわち正常（経常）運転資金部分（受取手形＋売掛金＋棚卸資産）－（支払手形＋買掛金）は、短期継続融資（手形貸付・当座貸付で毎月の返済がない融資）で擬似資本型の融資をするのが正解です。

　短期継続融資とは、正常運転資金に対応する資金を調達するための融資で、期日一括返済を条件とした1年以内の短期融資をいいます。ただし事業を継続している限りは原則として元金返済は行わず、利息の支払いだけをして継続することから、資金繰りの改善につながる擬似資本的な融資です。

　より具体的には、正常運転資金 ｛売上債権（受取手形＋売掛金）＋棚卸資産（商品・製品、仕掛品、原材料、貯蔵品等）｝－買入債務（支払手形＋買掛金）を3期分算出してその平均の枠内で短期継続融資（当座貸越・手形貸付）を提案し、長期借入金からのシフトを提案します。

　仮に2億円が短期継続融資に振替することができれば、企業は毎月の元金約定返済が減り、資金繰りが楽になります。

●長期借入金から短期借入金へのシフト

(単位：百万円)

	前々期		前期		今期
短期借入金	0	→	0	→	200
長期借入金	300	→	400	→	200

⑽　役員借入金

　役員借入金は、会社が役員から借りたお金です。企業の創業期であれば経営者の個人資産を会社に注ぎ込むことは一般的です。しかしその後の成長期・成熟期では金融機関からの資金調達が可能となってくるので、役員借入金は徐々に返済となっていくのが一般的です。

●役員借入金等の増減トレンド

(単位：百万円)

	前々期		前期		今期
役員借入金	20	→	10	→	50
長期借入金	100	→	100	→	100

　役員借入金の増減トレンドでは、前期までは徐々に返済されている傾向であったものの、今期において急に増えています。

　長期借入金の残高が変わらず、金融機関への元金返済ができていない状況から、金融機関からの調達が難しくなっていることも考えられます。

　この場合役員借入金が増加しているということは、資金繰りのため経営者の個人資産を投入していることが考えられます。

　また本ケースでは50百万円もの多額の資金を会社に提供していることから、中小企業特性（会社だけでなく経営者の資産も一体的にみること）を考慮すると、経営者の背景資産を再調査する必要があります。

一方で役員借入金が大きく増減しているということは、会社と経営者個人の資金や資産が分離していない状態といわざるを得ません。役員借入金は経営者保証を解除する際にネックとなる負債です。なぜなら経営者保証を解除するためには、法人個人の一体性の解消（法人と経営者個人の明確な資産・経理の分離、法人と経営者間の資金のやりとりの制限）が求められるからです。

　経営者保証を提供しない融資が増加している現在、この会社が行っていることは時代に逆行しているとも考えられます。金融機関としては、経営者に対して、理由のない役員借入金の解消を通じて、法人と経営者個人の明確な資産・経理の分離をすることをアドバイスしたいものです。

　この場合、法人への融資により役員借入金の一括返済を提案すれば、経営者の元に返済資金が入ってきます。その有効活用において、優越的地位の濫用に気をつけなければなりませんが、預り資産等の商品提案も可能となります。

　役員報酬を受け取る代わりに役員借入金としているケースもあります。役員借入金は金融機関からの融資と違い、返済時期が自由です。いずれは返済しなければなりませんが会社の資金繰りに余裕がある時に返済すればよいと役員が考えているならば、自己資本に近い性質を持つといえます。

　役員が最終的に債権放棄を行うことによって、会社の利益になり、自己資本比率改善の効果が生まれます。

　しかし金融機関担当者は単純にこのアドバイスをしてはいけません。なぜならこれは会社の利益になることなので、会社に税金が発生する可能性があると同時に、役員個人にも贈与税がかかる可能性があるからです。この場合経営者には必ず、顧問税理士に相談するように一言添えましょう。

⑾ 退職給付引当金

　退職給付引当金とは、従業員の将来の退職金支払いに備えて計上される引当金です。退職金制度のある会社は、退職給付引当金の計上が必要となります。

　退職給付とは、従業員一人ひとりの将来の退職金見込額を算出し、これを一定の割引率により現在価値に直したもので、実際には年金原資を外部に積み立てていればその分を差し引いたものを計上することになります。

　退職給付引当金が減少したということは、退職した人がいたということです。その場合、退職者がいて人手不足は大丈夫か、さらにはもっとネガティブに考えますと、退職者があまりにも増えている場合は、会社内で何か起きているのではないかと疑うことになります。

　経営者へのヒアリングで、人手不足で困っているという話が出たら、金融機関自行庫の人材紹介業務を紹介します。金融庁が2018年3月に規制緩和し、人材紹介業務が地域金融機関の付随業務として位置づけられています。それにより一部の金融機関では、取引先企業と人材紹介会社をつなぎ、求める人材を引き合わせる業務を開始しています。決算書の退職給付引当金の減少がこのようなビジネスチャンスにつながることもあります。

　人材紹介業務を行っていない金融機関は、プロフェッショナル人材戦略拠点を本業支援の一環として勧めてみましょう。

　プロフェッショナル人材戦略拠点とは、内閣府地方創生推進室の事業で、地域の関係機関等と連携しながら、地域企業の「攻めの経営」への転身を後押しするとともに、それを実践していくプロフェッショナル人材の活用について、経営者の意欲を喚起し、民間人材ビジネス事業者等を通じてマッチングの実現をサポートする拠点で、各道府県に設置され

ています。

　令和2年10月14日公表の金融庁「企業アンケート調査の結果」によると、企業が抱える課題について、全体では「人材育成・従業員福祉」が14%と最も多く、経営人材の不在が8%となっています。

　企業には人材の悩みについては根強いニーズがあり、そうした人材マッチングのニーズの局面で活用できるのがプロ人材拠点です。

　また退職給付引当金を計上していない中小企業も多いですが、そうした取引先には、中小企業退職金共済制度（国の運営機関に毎月掛け金を支払えば、従業員が退職したときに会社に代わって退職金を支払う制度で掛け金は全額経費となる。ただし、従業員全員加入が条件）の活用を提案することでビジネスに結びつけましょう。

② 損益計算書の重要な勘定科目

(1) 売上原価

売上原価は、貸借対照表の棚卸資産と関連する重要な費用項目です。

◆図表20　売上原価

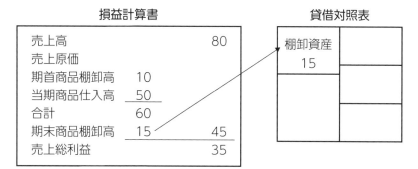

◆図表21　売上原価を分解

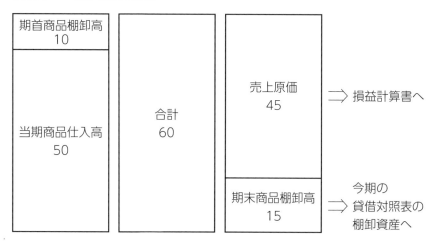

売上原価に計上された費用は45で、この費用45は当期の売上高80に対応する部分だけです。売れ残った期末商品棚卸高15は、貸借対照表の棚卸資産に資産として計上されます。

　当期に50仕入れていますが、費用として計上されたのは45だけで、在庫が増えた分だけ費用に計上される額が少なくなり、利益が増えます。

　よく在庫を増やして利益を上げるということを耳にすると思いますが、その仕組みがここにあります。

(2)　製造原価報告書

　製造業の売上原価は、製造原価報告書で算出されます。

◆図表22　製造原価報告書

製造原価報告書		損益計算書		
材料費	30	売上高		100
労務費	20	売上原価		
経費	20	期首製品棚卸高	20	
当期総製造費用	70	当期製品製造原価	60	
期首仕掛品棚卸高	10	合計	80	
合計	80	期末製品棚卸高	20	60
期末仕掛品棚卸高	20	売上総利益		40
当期製品製造原価	60			

　製造原価の項目は、大きく材料費、労務費、経費の3つです。

　当期製品製造原価額は、仕掛品の増減によって変化します。

　仕掛品も製・商品と同じように、当期の売上に対応する部分だけ費用計上されて、残りは貸借対照表の棚卸資産に計上されます。

　材料費も同様に、当期の材料費＝期首材料棚卸高＋当期材料仕入高－期末材料棚卸高で算出されます。これも同じように、当期の売上に対応

する分の材料費のみが費用計上されて、残りは貸借対照表の棚卸資産に計上されます。

　このように仕掛品や材料費が前期に比べて増加すると、材料費等のキャッシュはすでに支出されているにもかかわらず、損益計算書上では費用処理されず、資産に計上されてしまいます。商・製品と同じように仕掛品や材料も、前期と比べて当期に増加すれば、その分利益が増加します。

⑶　販売費及び一般管理費

　販売費及び一般管理費は、販管費と呼ばれ、商品販売・サービス提供にかかった販売手数料・広告宣伝費などの販売費と企業全体の管理業務にかかる一般管理費の合計です。

　金融機関は販管費を経費削減の視点で見ることが多く、金額の大きいものについて、それが本当に必要か、無駄な経費ではないのかをチェックし削減させることで、利益の改善を指導します。

　それは決して間違ったことではありませんし、どんぶり勘定の企業であればその効果は大きいものですが、多くの企業は厳しい経営環境の中で、経費削減の努力を実行しており、経営者の目を開くアドバイスにおいては経費をいかに有効に使って、売上・利益を伸ばすかの視点でアドバイスを行った方が、今の時代は有効だと感じます。

◆図表23　販売費及び一般管理費

会社法に基づく附属明細書の形式による販売費及び一般管理費の内訳　　（単位：千円）

科目	金額	摘要
役員報酬	×××	
従業員給与	×××	
法定福利費	×××	
厚生費	×××	
退職給付費用	×××	
旅費交通費	×××	
地代家賃	×××	
通信費	×××	
水道光熱費	×××	
減価償却費	×××	
リース料	×××	
消耗品費	×××	
租税公課	×××	
寄付金	×××	
広告宣伝費	×××	
接待交際費	×××	
保険料	×××	
研究開発費	×××	
貸倒引当金繰入	×××	
支払手数料	×××	
雑費	×××	
計	×××	

⑷　減価償却費

　減価償却費とは、長期にわたって使用する固定資産の購入費を時間の経過に合わせて分割して費用にしたものです。

　建物、機械、備品、車両などの固定資産は短い期間で使用するものではなく、数年、数十年もの長期間にわたって使用し、事業に貢献するものです。

　減価償却費の計算方法は、定額法と定率法があります。

　定額法は、図表24のように耐用年数にわたって、均等に減価償却費が計上されます。

◆図表24　定額法

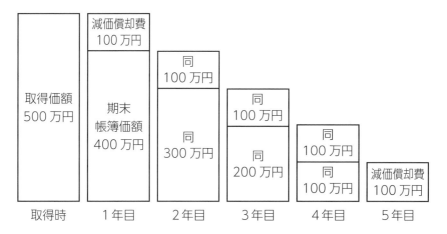

　定率法は、図表25のように、初年度減価償却費＝取得価額×償却率×使用月数/12ヶ月、2年目以降減価償却費＝期首帳簿価額×償却率で計算していきます。

◆図表25　定率法

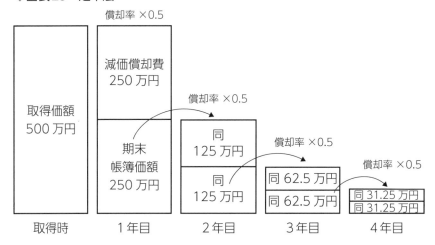

減価償却費は、非現金支出費用として、過去の取得原価が配分された費用ですので、費用を計上した会計期間においては実際の現金の支払いがありません。したがって減価償却費はキャッシュフローとして見ることができます。

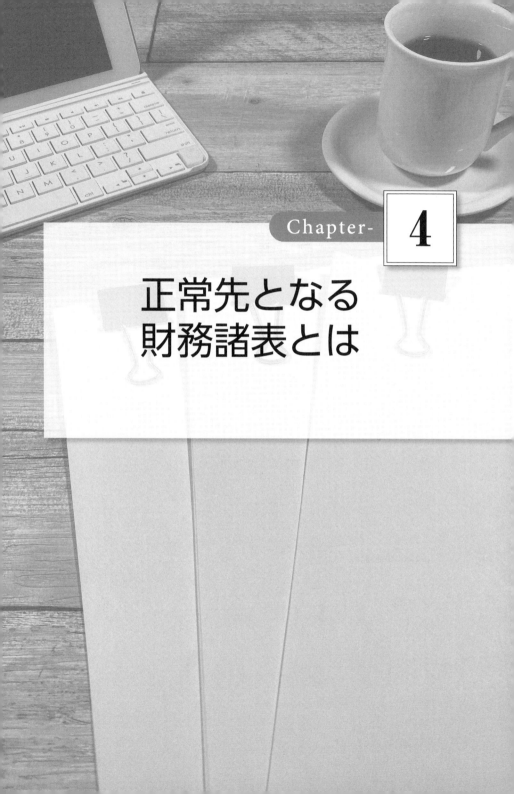

Chapter- 4

正常先となる
財務諸表とは

1 金融機関は取引先企業を6つの債務者区分に分類する

(1) 債務者区分とは

　債務者区分とは、金融機関が取引先の財務内容や信用リスクを考慮して、債務者を正常先・その他要注意先・要管理先・破綻懸念先・実質破綻先・破綻先という6つに分けた区分のことです。要管理先は本来、要注意先に含まれますが、ここではわかりやすくするために独立させて、6つの債務者区分としています。

　債務者区分は、実態的な財務内容、資金繰り、収益力等により、その返済能力を検討し、事業の継続性と収益性の見通し、キャッシュフローによる債務償還能力、経営計画等の妥当性、金融機関等の支援状況等を総合的に勘案し判断します。

　特に、中小・零細企業等については、当該企業の財務状況のみならず、当該企業の技術力、販売力や成長性、代表者等の役員に対する報酬の支払状況、代表者等の収入状況や資産内容、保証状況と保証能力等を総合的に勘案し、当該企業の経営実態を踏まえて判断するものとなっており、これを中小企業特性といいます。

(2) 具体的な債務者区分

　正常先とは、業績が良好であり、かつ、財務内容にも特段の問題がないと認められる債務者をいいます。

　その他要注意先とは、金利減免・棚上げを行っているなど貸出条件に問題のある債務者、元本返済若しくは利息支払いが事実上延滞しているなど履行状況に問題がある債務者のほか、業況が低調ないしは不安定な

債務者又は財務内容に問題がある債務者など今後の管理に注意を要する債務者をいいます。

　要管理先とは、金融検査マニュアル（廃止済み）では要注意先となる債務者については、要管理先である債務者とそれ以外の債務者（その他要注意先）とを分けて管理することが望ましいとされており、要注意先の中で特に注意を要する先、具体的には、３ヶ月以上延滞している先や条件変更で条件を緩和した先などが要管理先となります。

　破綻懸念先とは、現状、経営破綻の状況にはないが、経営難の状態にあり、経営改善計画等の進捗状況が芳しくなく、今後、経営破綻に陥る可能性が大きいと認められる債務者（金融機関等の支援継続中の債務者を含む）をいいます。

　実質破綻先とは、法的・形式的な経営破綻の事実は発生していないものの、深刻な経営難の状態にあって、再建の見通しがない状況にあると認められるなど実質的に経営破綻に陥っている債務者をいいます。

　破綻先とは、法的・形式的な経営破綻の事実（破産、清算、会社整理、会社更生、民事再生、手形交換所の取引停止処分等の事由）が発生している債務者をいいます。

⑶　金融機関のいう不良債権とは

◆図表26　不良債権

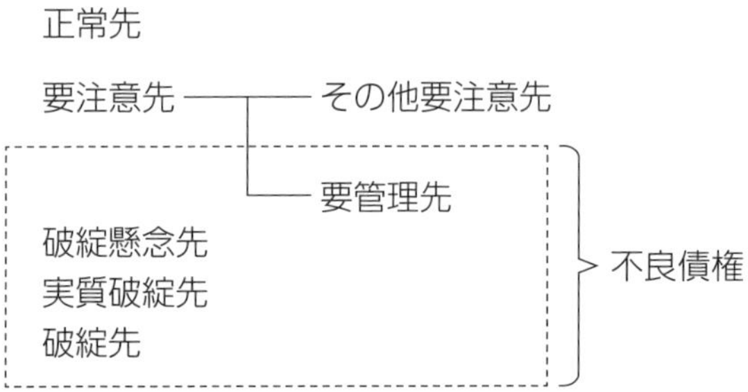

```
正常先

要注意先 ──────┬── その他要注意先
              │
              └── 要管理先
┌─ ─ ─ ─ ─ ─ ─ ─ ─ ─ ─ ─ ─ ─ ─ ─ ┐
  破綻懸念先                          ├ 不良債権
  実質破綻先
  破綻先
└─ ─ ─ ─ ─ ─ ─ ─ ─ ─ ─ ─ ─ ─ ─ ─ ┘
```

　いわゆる不良債権とは、このグループ分けで「要管理先」「破綻懸念先」「実質破綻先」「破綻先」が該当します。

　不良債権というと破綻先など完全に倒産している債務者をイメージしがちですが、不良債権先のほとんどが普通に営業している先です。

　しかし金融機関の対応としては、要管理先にランクされると新規の無担保融資は厳しくなり、破綻懸念先にランクされると新規の融資そのものが厳しくなるのが現実です。また実質破綻先以下ではたとえ事業を継続している場合でも債権回収が優先されます。

　したがって、金融機関から融資が積極的に受けられる企業は、正常先に該当する企業であるといえます。

⑷　どのように不良債権になっていくのか

　正常先の企業であっても、その業況の変化により不良債権に転落します。その道筋を理解することは、決算書を見るうえで重要なことです。

　たとえ今が正常先であっても、経常利益段階で赤字を計上したとします。金融機関は、1期だけの赤字若しくは2期連続であってもコロナ禍のような特殊な事情があった場合は、一過性の赤字と判断し、債務者区

分を正常先にとどめます。しかし3期連続赤字となった場合は、一過性とはいえなくなりその他要注意先にランクダウンします。

その他要注意先となった企業が、さらなる業況悪化により、金融機関に借入れ返済額の軽減の条件変更を申し出たとします。すると融資の条件変更という事象により、その企業は要管理先にランクダウンとなり、不良債権の仲間入りとなってしまいます。このようにいとも簡単に不良債権になってしまうのです。

しかしこれでは世の中の景気変動により不良債権だらけになってしまいます。そうなると金融機関は大幅に引当金を積み増さなければならず、体力のない金融機関は経営状態が苦しくなってしまいます。そこで不良債権とならないための逃げ道が用意されています。それが経営改善計画の策定です。ですからもし社長が金融機関から「経営改善計画を策定してください」と言われたら、自身の企業は不良債権一歩手前の段階にあると認識してください。

この場合、たとえ条件変更を行っても金融機関が適切と判断する経営改善計画を策定することができたら、企業は不良債権である要管理先にランクダウンすることなく、その他要注意先にとどまることになります。

⑸ 経営改善計画とは

債務者区分をその他要注意先にとどめるための経営改善計画とは、金融庁監督指針における実抜計画（実現可能性の高い抜本的な経営再建計画）を策定する必要があります。また「実抜計画」を策定していない場合であっても、債務者が中小企業であって、かつ、貸出条件の変更を行った日から最長1年以内に「実抜計画」を策定する見込みがある場合には、貸出条件緩和債権に該当しないものと判断して差し支えないという基準もあります。

この実抜計画は厳密には、おおむね3年後の業況が良好で（ただし

債務者企業の規模又は事業の特質を考慮した合理的な期間を排除しない）、財務内容にも特段問題がないと認められる状態となること、実抜計画における売上高・費用・利益の予測等の想定において十分に厳しいものとなっていること等の要件が示されています。

　しかし実際には、令和3年11月24日に金融庁から発出された「コロナ克服・新時代開拓のための経済対策」を踏まえた事業者支援の徹底等について」の要請文で、コロナの影響を直接・間接的に受けている事業者の資金繰り支援に万全を期する観点から、これらの要件等について「柔軟な取扱いも差し支えない」旨が明確化されました。

　すなわち実抜計画の期間については、コロナの影響により実抜計画通りに進捗を図ることが難しい場合等には、コロナの影響収束の見通しが立つまでの期間等を加味して合理的と考えられる範囲において実抜計画の期間を延長することや、3年や5年よりも長期の期間設定をすること、必要に応じて期間を延長するとの留保を付した期間設定とすること、コロナの影響による足許の経営環境の著しい変化を踏まえ、実抜計画の再策定を行うことなどを許容しています。

　次に計画を策定するまでの期限の猶予については、コロナの影響の全容が見通し難い状況の中で実抜計画の策定を進めることが難しい場合は、コロナの影響収束の見通しが立つまでの期間等を加味して、合理的と考えられる範囲において「最長1年以内」に限らず猶予することも可能となりました。

　計画を新型コロナウイルス感染症以前の実績等に基づき作成することについては、実抜計画における売上高等の想定は、当該事業者の事業価値や事業環境に照らして十分現実的なものである必要があるものの、コロナの影響の全容が見通し難い状況の中で、そうした現実的な想定をすることが難しい場合には、コロナの影響収束後には経営状況が回復する蓋然性が高いこと等を勘案してコロナ以前の実績や一定の仮定の下で簡

易に推計した想定を用いることで、コロナの影響収束後の見通しが立つまでの間、実抜計画として取り扱うこと等も可能となっています。

ポストコロナの状況では、金融機関はこれらの柔軟な取扱いを最大限活用し、経営改善計画を策定することで債務者区分を維持しつつ、企業の経営改善・本業支援を行うことで社会的使命を果たしていきます。

⑹ 合実計画とは

ここまで読んで金融機関の融資実務を経験している人は、中小企業には合実計画が適用されるのではないかと思うでしょう。合実計画とは、合理的かつ実現可能性の高い経営改善計画をいい、監督指針では債務者が中小企業であれば、合実計画が策定されている場合には、実抜計画とみなして差し支えないとされています。

合実計画の要件は、下記の通りですが、実抜計画の要件と比べれば相当緩和されています。計画期間を5年から10年とし、その計画最終年度までにいわゆる正常先の3要件（1.経常利益が黒字になること、2.資産超過の状態になること（債務超過から脱却すること）、3.債務償還年数が10～15年以内になること）に合致する経営改善計画ができれば、不良債権にならずに済むというわけです。

【合実計画の要件】

① 経営改善計画等の計画期間が原則としておおむね5年以内で、かつ、計画の実現可能性が高いこと（ただし、計画期間が5年を超えおおむね10年以内となっている場合で、進捗状況がおおむね計画どおり（売上高・当期利益が事業計画に比しおおむね8割以上確保されていること）であり、今後もおおむね計画どおりに推移すると認められる場合を含む）

② 計画期間終了後の当該債務者の業況が良好で、かつ、財務内容

にも特段の問題がないと認められる状態（自助努力により事業の継続性を確保することが可能な状態となる場合は、金利減免・棚上げを行っているなど貸出条件に問題のある状態、元本返済若しくは利息支払いが事実上延滞しているなど履行状況に問題のある状態のほか、業況が低調ないしは不安定な債務者又は財務内容に問題がある状態など今後の管理に注意を要する状態を含む）となる計画であること

③　すべての取引金融機関の経営改善計画等に基づく支援の合意があること（ただし、単独で支援を行うことにより再建が可能な場合等は、当該金融機関の合意で足りる）

④　金融機関等の支援の内容が、金利減免、融資残高維持等に止まり、債権放棄、現金贈与などの債務者に対する資金提供を伴うものでないこと

ランクアップするための財務諸表とは

⑴ 正常先の3要件

正常先にランクされるためには、正常先の3要件をクリアしなければなりません。

正常先の3要件とは、①経常利益が黒字であること、②債務超過でないこと、③債務償還年数が10年～15年以内であること、です。

債務償還年数は、以下の式で導き出されます。

$$債務償還年数 = \frac{借入金(長期借入金＋短期借入金等) - 正常運転資金^{※}}{キャッシュフロー(当期純利益＋減価償却費)}$$

※正常運転資金＝(受取手形＋売掛金＋棚卸資産) － (支払手形＋買掛金)

また債務償還年数に代わる指標として、EBITDA有利子負債倍率という指標もあります。

$$EBITDA有利子負債倍率(＝(借入金・社債 - 現預金) \div (営業利益＋減価償却費))$$

(2) 財務諸表から正常先の3要件を計算してみよう

B/S 貸借対照表

現金預金	2	買掛金	2	
売掛金	4	短期借入金	6	
棚卸資産	4	長期借入金	10	
建物	5			
土地	5	純資産	2	…②
	20		20	

P/L 損益計算書

売上高	20	
売上原価	10	
売上総利益(粗利)	10	
販売管理費	7.4	
(うち減価償却費)	(1)	
営業利益	2.6	
支払利息	1	
経常利益	1.6	…①
法人税等支払	0.6	
当期純利益	1	

〔正常先の３要件のチェック〕

①P/Lの収支プラス（経常利益が黒字1.6）である。⇒◎

②資産超過（＋２）である。（債務超過ではない）⇒◎

③債務償還年数が10年以内である。

$$債務償還年数 = \frac{（長期借入金＋短期借入金・社債）－正常運転資金}{キャッシュフロー（当期純利益＋減価償却費）}$$

正常運転資金 ＝（受取手形＋売掛金＋棚卸資産）－（支払手形＋買掛金）

（長期借入金10＋短期借入金６）－正常運転資金６ ＝ 10

正常運転資金（売掛金４＋棚卸資産４）－（買掛金２）＝ ６

・キャッシュフロー＝当期純利益１＋減価償却費１＝ ２

・債務償還年数＝10÷２＝５年⇒◎

・EBITDA有利子負債倍率（＝（借入金・社債－現預金）

　　　　　　　　÷（営業利益＋減価償却費））

（借入金16－現預金 ２）÷（営業利益2.6＋減価償却費１）＝3.9 ⇒◎））

　このように正常先の３要件をクリアした企業は、金融機関から融資を受けやすい企業であるといえます。

⑶　経営者保証に関するガイドラインの３要件を実現した会社も超安心

①　経営者保証に関するガイドラインとは

　経営者保証に関するガイドラインの説明については、中小企業庁のHPの説明が一番わかりやすいので、それを抜粋します。

　「経営者保証とは、中小企業が金融機関から融資を受ける際、経営者個人が会社の連帯保証人となること（保証債務を負うこと）。企業が倒

産して融資の返済ができなくなった場合は、経営者個人が企業に代わって返済することを求められる（保証債務の履行を求められる）。

「経営者保証」には、経営への規律付けや資金調達の円滑化に寄与する面がある一方、経営者による思い切った事業展開や早期の事業再生、円滑な事業承継を妨げる要因となっているという指摘もある。

これらの課題の解決策として、全国銀行協会と日本商工会議所が「経営者保証に関するガイドライン（以下、「ガイドライン」とする）」を策定（平成25年12月5日公表、平成26年2月1日適用開始）。

また、事業承継時に経営者保証が後継者候補確保の障害となっていることを踏まえ、金融機関と中小企業者の双方の取組を促すため、政府として「事業承継時の経営者保証解除に向けた総合的な対策」（令和元年5月）を実施している。

「中小企業、経営者、金融機関共通の自主的なルール」と位置付けられており、法的な拘束力はないが、関係者が自発的に尊重し、遵守することが期待されている。

経営者保証を解除するかどうかの最終的な判断は、金融機関にゆだねられる。」

金融庁の統計によると「新規融資に占める経営者保証に依存しない融資の割合」は、平成28年度14.3%、平成29年度16.5%、平成30年度19.2%、令和元年度21.6%、令和2年度27.2%、令和3年度29.9%と年々着実に増えています。

② 経営者保証不要の3要件
金融機関が経営者保証を必要としない融資を検討する3要件とは、
① 法人と経営者との関係の明確な区分・分離（法人と経営者個人の資産・経理が明確に分離されている、法人と経営者の間の資金のやりと

りが、社会通念上適切な範囲を超えない）

②　財務基盤の強化（法人のみの資産・収益力で借入返済が可能と判断し得る）

③　財務状況の正確な把握、適時適切な情報開示等による経営の透明性確保（適時適切に財務情報等が提供されている）

というものです。

経営者保証ガイドラインは知っている、聞いたことはあるものの、その３要件についてはわからないという経営者も多くいます。この３要件の認知度は、経営者保証ガイドラインを認知している者のうち、ガイドライン３要件を知らない者が約５割という統計が出ています（経済産業省委託調査：調査期間2022年１月〜３月、対象は中小企業基本法上の中小企業、回答企業数は3,138社）。

それでは３要件についてポイントを説明しましょう。

①の「法人と経営者との関係の明確な区分・分離」は、簡単にいうと「法人と社長個人のお財布が別になっていますか？」ということです。具体的には、下記の３ポイントをチェックしてください。

□ 経営者が法人の事業活動に必要な本社・工場・営業車等の資産を有していない。有している場合、適切な賃料が支払われている。

□ 法人から経営者等への資金流用（貸付金、未収入金、仮払金等）がない。ある場合は一定期間で解消できる疎明資料がある。

□ 法人と経営者の間の資金のやりとりが社会通念上適切な範囲を超えていない。具体的には、①役員報酬や配当、交際費等が法人の規模、収益力に照らし過大ではないこと、②経営者やオーナー一族への資金流出・意図的な資産のシフトがされてないこと。

②の「財務基盤の強化」は「法人だけで返済可能な経営状態か？」ということです。具体的には、下記の２ポイントをチェックしてください。

□ 直近の２期において、正常先の３要件に該当する。

□ 直近の３期において、EBITDA有利子負債倍率（＝（借入金・社債
　−現預金）÷（営業利益＋減価償却費））が10倍以内である。

　③の「財務状況の正確な把握、適時適切な情報開示等による経営の透
明性確保」は「金融機関とコミュニケーションできているか？」という
ことです。具体的には、下記の３ポイントをチェックしてください。

□ 金融機関からの求めに応じて財務情報を適時適切に提供できる体制
　が整っており、継続的に提供する意思があること。

□ 試算表と合わせて資金繰り表を提出し、金融機関に財務情報を提供
　する体制が整っていること。

□ 当面の資金繰りに資金不足が生じていないことが、資金繰り表によ
　り確認できること

　この３つの要件を満たせば金融機関は、「社長の保証なしで融資をす
るはず……」

「社長の経営者保証を外すはず……」です。

　しかし金融機関によっては、はなかなか経営者保証を外してもらえま
せん。なぜでしょうか。

　その理由は、「経営者保証に関するガイドラインは、法律ではない
……」「経営者保証解除に伴う経営規律の低下を懸念している……」「金
融機関の信用リスクの増加につながる……」というものです。

　参考までに経営者保証コーディネーターが使用する「事業承継時判断
材料チェックシート」の書式を掲載しておきますので、一度自身の会社
をチェックしてください。

事業承継時判断材料チェックシート

		No.	/

住所		作成日	
企業名		経営者保証コーディネーター	
代表者名			印

	必須書類		説明ポイント	経営者保証Co 使用欄	
				個別	総合
①	事業承継計画書	a	事業承継に取り組む中小企業・小規模事業者である ※書式は任意。信用保証協会が定める事業承継計画書様式も可		
②	決算書	b	税務署に申告した財務情報と同一の情報が金融機関に適切に開示されている （税務署受付印が押印されている、または電子申告の確認資料（受付結果（受信通知）等）が添付されていること）		
		c	経営者が法人の事業活動に必要な本社・工場・営業車等の資産を有していない なお、事業資産の所有者が決算書で説明できない場合、所有資産明細書等を添付すること ⇒【追加書類】所有資産明細書等 ◆ 経営者が有している場合、適切な賃料が支払われているか賃貸借契約書等を添付すること ⇒【追加書類】賃貸借契約証書等（写しでも可）		
		d	法人から経営者等への資金流用（貸付金、未収入金、仮払金等）がない ◆ 貸付金等がある場合、一定期間での解消意向を説明するため、契約書類等を添付すること ⇒【追加書類】金銭消費貸借契約書、借用書等（写しでも可）		
		e	法人と経営者の間の資金のやり取りが社会通念上適切な範囲を超えていない 具体的には、①役員報酬や配当、交際費等が法人の規模、収益力に照らして過大ではないこと ②経営者やオーナー一族への資金流出・意図的な資産のシフトはしていないこと		
		f	法人のみの資産・収益力で借入返済が可能と説明できる ＜参考1＞EBITDA有利子負債倍率 [計算式]（借入金・社債ー現預金）÷（営業利益＋減価償却費） 　　期　　　倍　　　期　　　倍　　　期　　　倍 ＜参考2＞フリーキャッシュフローの実績 [計算式]税引後当期利益＋減価償却費 　　期　　　千円　　　期　　　千円　　　期　　　千円 ＜参考3＞純資産額の実績 　　期　　　千円　　　期　　　千円　　　期　　　千円		
③	試算表 （決算書3ヵ月以内の場合には提出不要）	g	金融機関からの求めに応じて財務情報を適時適切に提供できる体制が整っており、継続的に提供する意思があること		
④	資金繰り表	h	試算表と合わせて資金繰り表を提出し、金融機関に財務情報を提供する体制が整っている		
		i	当面の資金繰りに資金不足が生じていないことが、資金繰り表により確認できること		

	任意書類		説明ポイント	経営者保証Co 使用欄
⑤	税理士法第33条の2に基づく添付書面	j	決算書を確認する際の補強材料として使用	
⑥	「中小企業の会計に関する基本要領」チェックリスト	k	決算書を確認する際の補強材料として使用	
⑦	事業計画書等	l	事業承継後の事業方針や業績見通しが明確になっているか （ローカルベンチマーク等の財務分析資料を含む）	
⑧	社内管理体制図	m	取締役会の適切な開催や、会計参与の設置、監査体制の確立等による社内管理体制の整備状況を説明できるか	
⑨	監査報告書	n	公認会計士による会計監査、適正意見の確認	

＜留意事項＞　本チェックシートの確認とは別に、金融機関及び信用保証協会による審査があります。

チェックシートの有効期限は、作成日から3ヵ月以内。

信用保証協会の事業承継特別保証を申込みする場合は、信用保証協会の受付日が有効期限内である必要があります。

⑷ 経営者保証の今後

　金融庁は2022年11月1日に監督指針改正案を発表し2023年4月から、金融機関の融資で経営者が個人で背負う経営者保証を実質的に制限します。メガバンク・地域銀行・信用金庫・信用組合など預金取扱金融機関は、経営者保証を締結する際には、その必要性などの理由を具体的に説明しなければならなくなります。

　金融機関が融資時に経営者保証を求める場合には説明義務を課し、その内容を記録して金融庁に件数を報告することも義務づけられます。金融庁はヒアリングや検査を実施し、手続きに違反があったり企業とトラブルが起きたりして、自主的に改善が期待できなければ行政処分の対象になるという強力なものです。

　経営者保証ガイドラインでは、経営者保証を取らない要件として⑴法人と経営者との関係の明確な区分・分離⑵財務基盤の強化⑶財務状況の正確な把握、適時適切な情報開示による経営の透明性の確保の3つを求めています。今回の改正により金融機関は、取引先に対し、「どの部分が十分ではないために保証契約が必要になるのか、どのような改善を図れば保証契約の変更・解除の可能性が高まるか」の客観的合理的理由について、顧客の知識、経験に応じ、その納得を得ることを目的とした説明を行わなければなりません。

　また中小企業庁は経営者保証をつけない融資を金融機関に促す仕組みを導入するとしています。企業の稼ぐ力や有利子負債の返済能力など具体的な数値基準を設け、経営者保証がなくても融資できるかどうかのメルクマールを策定します。それができると企業にとっても経営者保証なしで融資を受けられる条件がわかりやすくなります。

　その基準も例えば、財務基盤の強化では、「EBITDA有利子負債倍率

（有利子負債がキャッシュフローの何倍あるかを示す指標）が15倍以内」「減価償却前の経常損益が2期連続赤字でない」といった具体的な目安を設けるとしています。

　また経営の透明性確保については「経営者は日々、現預金の出入りを管理する。終業時に金庫やレジの現金と記帳残高を一致させるなど収支を確認する」といった趣旨の具体例を示すとしています。これらの新たなルールは強制ではなく、金融機関が使うかどうかは任意となりますが、今までは金融機関ごとに基準が異なっていたのが解消されて、経営者はどの点をどのくらい改善すれば、経営者保証なしの融資を受けられるか、わかりやすくなると同時に、経営者保証なしの融資を受けられる企業を目指すことで、企業は自らの持続可能性が高まることになります。

⑸　経営者保証改革プログラム

　経済産業省・金融庁・財務省においては、2022年12月23日に、個人保証に依存しない融資慣行の確立に向けて、経営者保証改革プログラムを策定し公表しました。そしてその内容について金融機関に対して、経営トップから現場の営業担当者等を含めた金融機関全体に周知・徹底をお願いしています。その内容の一部をここに抜粋します。

【経営者保証一般】

1．公表された経営者保証改革プログラムの趣旨を踏まえ、改めて、「経営者保証に関するガイドライン（以下、ガイドライン）」の内容を十分に理解し、適切な対応を行うこと。
2．個人保証に依存しない融資の一層の促進のため、例えば、停止条件又は解除条件付保証契約、ABL、金利の一定の上乗せ等、個人保証の機能を代替する融資手法の活用を検討すること。また、停止条件付保証契約におけるコベナンツ要件についてはモニタリング負担も踏ま

え、経営者に経営規律を守らせる動機となるような、過度に複雑でない要件とする対応も検討すること。

3．信用保証協会への信用保証申込の際には、金融機関連携型（取扱金融機関がプロパー融資について経営者保証を不要とし、担保による保全が図られていない場合であって、財務要件（「直近決算期において債務超過でないこと」かつ「直近2期の決算期において減価償却前経常利益が連続して赤字でないこと」）を満たすほか、法人と経営者の一体性解消等を図っている（又は図ろうとしている）等の条件に該当する場合に個人保証を不要とできる制度）のような、個人保証を不要とする信用保証協会の取扱いがあることを認識し、信用保証協会と連携のうえ、積極的に個人保証を不要とする取扱いの活用を検討すること。

4．民間金融機関においては、信用保証協会や政府系金融機関が個人保証を徴求しないと判断した協調融資については、その判断に至った経緯を十分に踏まえ、プロパー融資の個人保証の有無を判断すること。

【監督指針（説明・記録化）】

5．民間金融機関においては、改正された監督指針の趣旨・内容について営業現場の第一線まで漏れなく説明し、運用開始までに確実に浸透させること。また、事業者等の知識、経験等に応じ、その理解と納得を得ることを目的とした説明を行うことを各金融機関の企業文化として定着させるための態勢を整備すること。

6．民間金融機関は、保証契約締結時において、ガイドライン第4項(2)に掲げられている要素を参照の上、債務者の状況に応じ、可能な限り、資産・収益力については定量的、その他の要素 については客観的・具体的な目線を示すなどにより、事業者等の知識、経験等に応じ、その理解と納得を得ることを目的とした説明に努めること。

7．民間金融機関は、保証契約締結時において、保証人等へ適切な説明を行い、その結果等を記録した件数を金融庁へ報告できる態勢を整備すること。なお、事務負担軽減の観点から、記録は営業日報等で代用するなど、既存の枠組みでの対応でも差し支えないと考えている。また、金融庁としては、改正後の監督指針の内容が各金融機関の企業文化として定着した暁には「個人保証を徴求せず融資した件数」と「個人保証を徴求した融資で、適切な説明を行い、結果等を記録した件数」の合計が新規融資件数と一致するものと考えている。

8．民間金融機関においては、今般の監督指針改正が個人保証を制限する趣旨でないことを十分に理解し、貸し渋り、貸し剥がしを行わないことは勿論のこと、そのような誤解が生じることのないよう留意すること。

【監督指針（取組方針）】

9．民間金融機関においては、「経営者保証に関するガイドラインを融資慣行として浸透・定着させるための取組方針等」について、経営陣を交えて議論し、対外公表すること。当該取組方針等は、『「経営者保証に関するガイドライン」の活用に係る組織的な取組み事例集』の内容も適宜参照のうえ、事業者とよりよい信頼関係を築くためのコミュニケーションツールとして利用できる内容となるよう、具体的かつわかりやすい記載で「見える化」するとともに、取組方針等に沿った運用が行われるよう職員への周知徹底等により現場まで浸透させること。

　なお、当該取組方針等は、経営者保証に依存しない融資の促進に係る方針に加え、可能であれば、保証人等から保証債務整理の申出があった場合の方針についても盛り込むことが望ましい。

【参考】金融庁『「経営者保証に関するガイドライン」の活用に係る組織的な取組み事例集』（令和3年10月5日）より抜粋

➤ 保証徴求の判断や回収に要する時間を、顧客とのリレーション構築に使いたいとの経営トップの考えの下、原則、個人保証を徴求しない取組み。

➤ 例外を除き、原則個人保証を求めない。例外に該当し、個人保証を徴求する場合は全て本部決裁とし、妥当性を検証のうえ、不要な個人保証を防止する取組み。

➤ 「法人のみの資産・収益力で借入返済が可能」と判断できた先であれば、他の要件が未充足であっても、原則個人保証を徴求しない取組み。

➤ 代替融資手法の整備やコベナンツ付保証契約を具体的に制定した取組み。

➤ 営業店の「経営者保証に関するガイドライン」への取組状況を確認するためモニタリングを実施し、その結果（好事例・不芳事例）を営業店に還元するとともに、当該モニタリング結果を踏まえ、行員向研修において「経営者保証に関するガイドライン」の趣旨等を再徹底。

　これを読む限り、国が経営者保証という慣行のない社会を作ろうとしている本気度が伺えるのではないでしょうか。しかし一方で、金融庁は監督指針の改正にあたって、今回の改正案は、金融機関が個人保証契約を締結する場合に、保証契約の必要性等に関し、事業者に対して詳細な説明を求めるものであり、個人保証そのものを制限する趣旨ではなく、引き続き、個人保証徴求の要否については、各金融機関において判断する事項と考えていると言っています。また金融庁は、地域金融機関には不動産担保や個人保証に過度に依存せず、企業の事業性に着目した取組

により、金融仲介機能を発揮することが重要と考えているため、金融機関の与信活動に影響を与えないよう本改正の趣旨等をしっかりと伝えていくとしています。

　しかしながら、このような強い要請文を読む限り、経営者保証に関する問題は、やがては第三者保証が歩んできた同じ道を辿り、実質的になくなるということになるのかもしれません。

Chapter- 5

粉飾決算を見抜く術

① 粉飾決算とは

　企業や経営者はなぜ粉飾決算をするのでしょうか。それは「金融機関からお金を借りやすくするため」「金融機関が決算書の内容が悪くなると途端に態度を変えるため」「仕入先との取引を続けるため」「税金を少なくしたいから」「公共工事を受注できるように経営事項審査の評点を上げるため」などさまざまな理由があります。

　粉飾は大企業から中小企業まで、さまざまなケースで行われます。どの粉飾も蓋を開けてみてびっくりといったケースが多いほど、巧妙に仕掛けられます。金融機関も最初から取引先を疑ってかかることはありませんから、いざ粉飾決算が発覚すると騙されたという思いを強くします。

　会計事務所も以前は、節税という名目でお客さんを獲得するという税理士もいました。しかしそうしたことは現在、ほとんどなくなりました。正しい会計をして、正しく税金を払って利益を上げ、内部留保を積み上げ、現預金を増やすことで筋肉質の貸借対照表を持つ会社にする会計指導を行っているところがほとんどです。

　では、具体的にどんな粉飾が行われるのでしょうか。大手企業において行われるのが、循環取引という粉飾です。これは例えば複数の会社で同じ商品の売買取引を、何度も繰り返していく取引で、これにより売上と利益の水増しを図ります。売上高を、実際よりも過大に見せる手法です。

　売上原価の過少計上もよく行われます。商品の仕入れ及び製造にかかる経費を少なくする方法です。

　また第3章の売上原価のところでも触れましたが、架空在庫を水増し

して期末在庫を過大に計上することで、利益を多く見せるという方法もよく使われます。

　本書での粉飾は、基本的に融資判断における粉飾、すなわち利益を水増しすることにより、業績をよく見せる粉飾についてどうやって見抜くかを解説します。

　粉飾決算を見破ることはなかなか困難ですが、いくつかのポイントがあります。

　売上債権・棚卸資産の粉飾では、架空計上により水増しするケースと不良債権化しているものがそのままずっと計上されているケースがあります。粉飾を見破るには、売上債権回転期間、棚卸資産回転期間を算出し、時系列で並べ、同業他社の水準と比較することで異常値を見つけ出す方法で粉飾を発見します。

　売掛金・短期貸付金・長期貸付金に不良資産が計上されているケースでは、勘定科目明細に、いつも同じ先が同金額で計上されていないかをチェックします。

　買掛金については一般的に粉飾をすることはないと考えがちですが、買掛金を一部計上しない、つまり仕入れを過少計上して利益を出す粉飾ができます。この粉飾は、翌事業年度に支払いが発生しますから、一回限りの粉飾となり、いつまでも続けられる売掛金の粉飾との違いがあります。

　買掛金の粉飾は利益を平準化するために行われます。例えば、今期は10百万円の赤字になりそうですが、来期において30百万円の黒字が見込まれる場合に、今期決算において買掛金20百万円の計上漏れの粉飾を行います。そうすると今期は▲10百万円（赤字分）＋20百万円（買掛金計上漏れによる粉飾分）で10百万円の黒字となります。来期は、30百万円（黒字見込分）－20百万円（粉飾による買掛金計上分）で10百万円の黒字となり、2期連続黒字を計上できるというわけです。このように

費用を計上するタイミングを一部ずらすことで利益操作ができます。

　こうした粉飾を見破るには、仕入債務回転期間を算出し同業同規模他社平均と比較します。仕入債務回転期間（回転日数）は、仕入債務が売上高の何日分あるかを示すもので、「仕入債務÷（売上原価÷365）」で算出できます。その異常値がないかを確認するほか、内訳書を前期と比較してみて、仕入債務の明細に違和感がないかをみることで発見できます。

　内容のわかりづらい勘定、すなわち仮払金、前渡金、前受金などが多額にある決算書も気をつけなければなりません。その内容を調べてそれがすぐに現金化できないものであれば粉飾が疑われます。

　減価償却未計上、定率法から定額法に変更などによる減価償却費の操作については、金融機関の行職員は皆理解していることなので、それが粉飾と言えるかどうかは微妙です。

　翌期の売上を今期に計上するといった売上高の架空計上、今期発生している費用を、翌期に繰り延べるといった費用の粉飾は、売上高利益率の比率が跳ね上がることで見抜きます。

　建設会社などでよく見かけますが、売上が毎期大きく変動しているにもかかわらず、毎期黒字ではあるものの少額利益の計上が続いている決算書があります。

　建設土木業では、収益の前倒し計上、費用の先送りなどの粉飾がよく行われますが、建設土木業特有の収益基準である「工事完成基準」と「工事進行基準」を工事ごとに使って売上・利益の調整が行われることがあります。

　建設土木工事が完成し、引渡しが完了したことをもって売上高・収益・原価を計上する「工事完成基準」によって売上高を計上している場合は、実際に引渡しが完了していないにもかかわらず、操作によって売

上高を計上することが可能です。

　また工事の進捗状況に応じて、決算ごとに売上高・収益・原価を計上する「工事進行基準」においても、請負金額や進捗状況などの見積もりを操作することにより、売上高を過大に計上することが可能となります。

　この粉飾を見破るには、工事ごとの明細表を取り受けて、工事の進捗状況、代金の入金状況、収益の状況を一件ずつ確認するしかありません。

　決算書の連続性がないことで粉飾が判明したケースもあります。取り受けた決算書が微妙に前期の決算と継続性がないことに気づき債務者に確認したところ、税務署用・金融機関用・取引先用の３つの決算書を作成していたケースがありました。いつもは金融機関用の決算書をもらっていたのが、税務署用の決算書を間違って届けたことにより粉飾が判明しました。

　一般的に正しい決算書を徴求するコツとしては、税務署の受付印のある申告用の明細書のついた決算書を徴求する、TKCモニタリング情報サービスで、顧問税理士から直接決算書を入手する方法があります。

ケーススタディ：利益操作を行った決算書 ～繊維製品卸売業Ｚ社の事例

（単位：百万円）

	前々期	前期	当期		前々期	前期	当期
受取手形	310	300	290	売上高	1,550	1,500	1,450
売掛金	250	250	300				
棚卸資産	150	150	160				

　利益操作には、利益を大きく見せるものと、小さく見せるものがあります。金融機関からの融資を受けやすくするためや、商取引先の信用状況を維持するために意図的に行われるものは問題です。

　筆者の経験では、金融機関用、取引先用、税務申告用の３種類の決算書を作成していた猛者もいました。粉飾は一度するとそれを断ち切ることは難しく、いつかはその行為は破綻するものです。

　粉飾の代表的な方法には、売上高操作、売掛金・在庫操作、減価償却費操作などがあります。そして決算書においては、損益計算書と貸借対照表が絡み合って行われます。利益を大きく見せる操作では、損益計算書において売上高を増やす、販売管理費を減らす、貸借対照表において売掛金・在庫を増やすなどを行います。

　利益操作を発見するには、各勘定科目を時系列で並べてみて、売掛金や棚卸資産が急増するなど不自然な点がないかを見ます。また決算分析において利益率・回転期間の数値に注目して、極端な変化がないかを見ます。その他には、同業他社との水準比較、税務申告書とのミスマッチなどその発見には勘と経験に頼る部分が多いことも事実です。

前ページの決算書は資産項目の一部と売上高を時系列で並べたものですが、売上高が減少傾向にあるにもかかわらず、売掛金が前期比急増していることがわかります。決算書を見る時は、こうした勘定科目の残高の増減を時系列で調査します。売掛金増加の理由を社長や経理担当者にヒアリングをしますが、理解できる納得した説明をしてもらえるかが重要です。説明だけを鵜呑みにすることなく、税務申告書の控えや資金繰り表の提出などを求めて、その裏付けを取ることも必要です。

　利益操作を発見した場合の対応にも注意が必要です。社長や経理担当者に対して事情を聞くことになりますが、当然のことながら素直に認めるということはありません。逆に利益操作だと決めつけてしまうことも、なかなかできません。したがってヒアリングには細心の注意が必要ですので、金融機関の担当者は支店長・上司と相談しながら慎重に対応しましょう。

　粉飾を見抜く方法に6期分以上、できれば10期分の決算書を時系列で眺める長期トレンド分析があります。企業の長期的なトレンドは、ほぼ毎年同じようなトレンドで推移します。ところが粉飾をしている決算書は、どこかで長期トレンドに反する動きをします。そこを詳しく分析すると大抵粉飾の手がかりが見えてきます。例えば業績不振が続いていたのに黒字に転換するときの決算書には、何かしらの粉飾の痕跡がみられます。

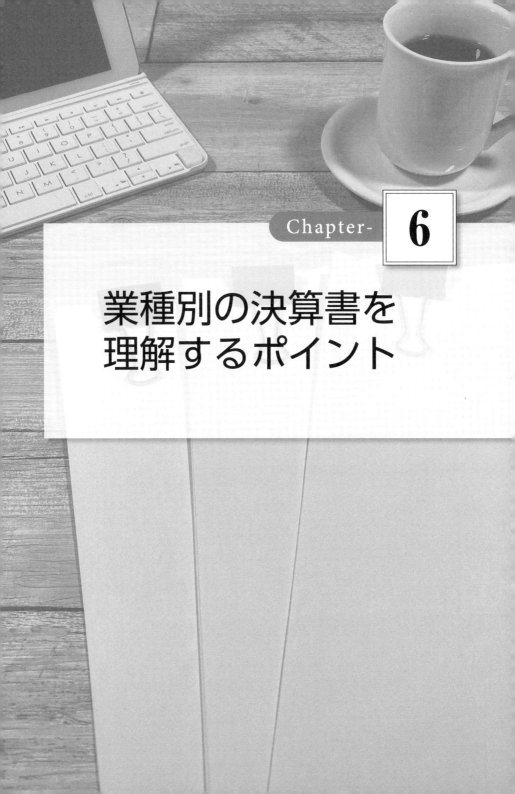

Chapter- **6**

業種別の決算書を
理解するポイント

① 製造業の決算書の見方

　製造業は、日本標準産業分類では24の業種（中分類）に分類されますが、その基本的なビジネスモデルは、原材料などを仕入れて加工し、製品を製造し販売する業種、いわゆる「ものづくり」をしています。

　業種も例えば食料品、繊維、衣服、家具、紙・パルプ、化学工業、ゴム製品、鉄鋼業、金属製品、機械器具製造、自動車製造など多岐にわたります。製造・加工に要する固定資産（工場や機械）を保有するのが特徴で、定期的に設備の新設・更新のため設備資金需要が発生します。

　どの業種でも同じですが、特に製造業においては、工場見学を行い、どんな製品を作っているかを自分の目で確かめたうえで決算書を読むことが重要です。

◆図表27　製造業の決算書

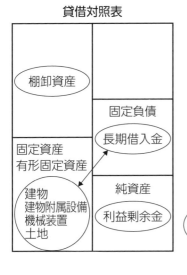
貸借対照表

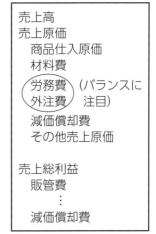
損益計算書

製造業の決算書を見ると、貸借対照表では有形固定資産に含まれる機械装置の残高が大きいのが目につきます。製造業における機械装置は、ものづくりの元となる重要な資産です。工場見学を行うと、不稼動となっている機械、老朽化している機械などの設備状況やその製造工程からその企業の技術力が把握できます。それを考えながら決算書の機械設備の数字を見ると、決算書から見た機械設備の更新や製造ラインの合理化などの融資につながる資金ニーズを発見することもできます。

　また工場が必要な業種ですから、建物・建物附属設備、土地の固定資産も大きな残高になります。固定資産が多いため、固定資産回転期間（月）（＝固定資産÷月商）が長くなる、減価償却費が全業種の中で最も重くなるという特徴があります。

　負債の部では、定期的に機械設備の修繕・更新などをする必要があるため、そのための資金を銀行借入れでまかなうため、借入金が多いのも製造業の特徴です。

　純資産の部に目を向けると、利益剰余金が蓄積されている企業が多く、自己資本比率が30%を超える中小企業が目につきます。これは製造業が日本経済を長期にわたり支えてきた業種であり、その多くが業歴が長く過去において利益を計上して蓄積したからです。

　損益計算書では、原価計算することが当たり前の業種です。原価の中身を見ると材料だけでなく、労務費や外注費、固定資産の償却費も出てきます。製造原価が大きくなるので、全業種と比較して売上総利益率が低い傾向にあります。

　また損益計算書では、特に労務費と外注費に注目します。労務費は製造加工に占める自社加工の額と言い換えることができます。労務比率が高い会社は自社製造中心の会社、外注比率が高い会社は粗利が低い傾向にあります。中小企業の外注依存度は約４割といわれていることも、製

造業の決算書を見るときには頭に入れておきましょう。

　他の業種と比較すると製造業では売上高に占める販管費率が低い傾向があります。その背景には製造業のコスト意識の高さがあります。工場ではいわゆるカイゼンやQCサークル活動などが行われます。決算書を見て工場見学で現場の空気に触れると、会社の実態が見えてきます。

　金融の視点から見ると、製造業において融資の資金使途のほとんどは、設備資金となります。設備資金は、設備の耐用年数に合わせて長期資金を調達することになりますから、返済能力の審査では設備投資実行後のキャッシュフローで債務償還年数を見ることがポイントとなります。

　また製造業では在庫管理が重要となりますが、在庫（棚卸資産）をひとくくりでみるのではなく、決算書の勘定科目すなわち「製品」、「半製品」、「仕掛品」、「原材料」に分けて分析します。そのためにはその区別が重要となりますので、下記を参考に確認しておきましょう。

【製造業の棚卸資産】

　「製品」とは、できあがった最終生産品のこと。

　「半製品」とは、中間的な製品としてすでに加工が終わり、現に貯蔵中の販売可能な製品のこと。

　「仕掛品」とは、製品、半製品を製造のため、現在仕掛中（加工中）のもの。製品・半製品は販売可能だが、仕掛品は販売できないところに違いがある。

　「原材料」とは、製品の製造過程で消費され、製品そのものを作る材料で、まだ使用されていないもの。

② 卸売業の決算書の見方

　卸売業は、日本標準産業分類では各種商品卸売業、繊維・衣服等卸売業、飲食料品卸売業、建築材料、鉱物・金属材料等卸売業、機械器具卸売業、その他の卸売業6業種（中分類）に分類されます。

　その基本的なビジネスモデルは、商品の流通の過程で製造と小売をつなぐ経済活動を行うものです。その業種上の特徴は、集荷分散・流通コスト削減・需給調整の3つの機能があることです。

【卸売業の3つの機能】
・集荷分散機能とは、生産と消費の間に卸売業が介在することによって、場所・時間の距離を埋める機能。
・流通コスト削減機能とは、小売業者が多数のメーカーから直接仕入れるよりも、間に卸売業が介在することによって取引回数が減り、その結果流通コストが削減されるという機能。
・需給調整機能とは、卸売業が介在することによって生産と消費のギャップを調整する機能。

　卸売業は、今や衰退産業と呼ばれています。メーカーと一般商店をつなぐ古典的な卸売業の役割が縮小し、そこに小売側によるメーカー直接取引、大手小売店の価格決定権把握、コンビニなどチェーン店展開による一般小売店の減少、ネット販売や流通網が普及し消費者のモノの買い方の変化、長期にわたるデフレによる販売価格の低価格化など業界全体に逆風が吹いているのがその理由です。では卸売業の決算書の特徴を見てみましょう。

◆図表28　卸売業の決算書

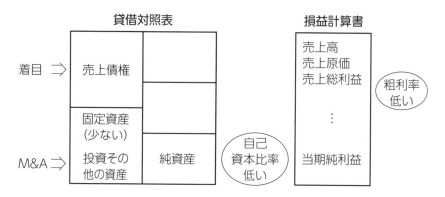

　卸売業の貸借対照表の特徴は、製造のための機械や設備などが必要ないため、固定資産が少ない点にあります。

　卸売業は衰退産業と言いましたが、業界の再編が進み、M&Aが行われやすい業種です。なぜなら幅広い商品を取り扱っている各種商品卸売業が新たな領域に進出する際には、中小規模の他社卸売業をM&Aをする方が効率的だからです。資産の部の投資その他の資産が多額に計上されている場合は、M&Aで会社を大きくしている可能性があります。

　負債の部では、卸売業の薄利多売というビジネスモデルのため、借入金などの負債が高くなりがちです。そのため自己資本比率も低くなりがちです。卸売業は自己資本比率が低い会社と高い会社に分かれるといわれます。昔からの老舗企業は、過去からの利益の蓄積による自己資本が厚く自己資本比率が高い会社も存在します。ですから決算書が第何期であるかを確認することも大切な視点です。

　損益計算書の特徴としては、大量に同種類の商品を扱うことから、一般的に薄利多売となり、売上総利益率（売上高から売上原価を差し引いた売上総利益が、売上の何パーセントを占めるかを表した指標）が低く

なる傾向があります。ただし繊維・衣服等卸売業では、衣料品は粗利率の高い商品ということもあって、卸売業の中では売上総利益が高くなります。

　その他の卸売業の決算上の特徴として、総資産に占める売上債権残高の比率が高いことがあげられます。このことから売上債権の中身をどう見るかがポイントとなります。したがって融資をする場合は、売上債権の明細をしっかりと把握して、不良債権がないかを確認しなければなりません。
　卸売業は、ひとたび不良債権が発生すると赤字に転落する可能性が高い業種ともいえます。そのため、主要売上先の売上高と利益の推移を把握し、顧客ごとの採算と信用状況の管理を見ることが重要となります。それとともに不良債権をカバーできる自己資本の厚みがあるかをチェックするのも重要となります。

③ 小売業の決算書の見方

　小売業は、主に個人や家庭で消費する商品を販売する業種で、日本標準産業分類では各種商品小売業、織物・衣服・身の回り品小売業、飲食料品小売業、機械器具小売業、その他の小売業、無店舗小売業の6業種（中分類）に分類されます。

◆図表29　小売業の決算書

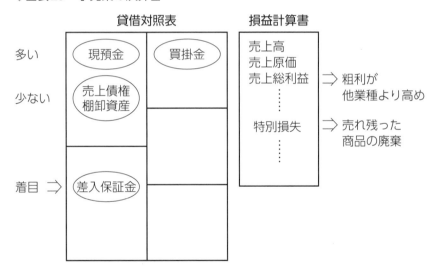

　小売業の決算書を見る場合には、貸借対照表では現金、買掛金の残高に注目します。

　その特徴は、商品を仕入れて短期間で売却して利益を得るビジネスモデルのため、棚卸資産の数値が比較的小さくなります。また一般的に、販売代金はキャッシュレスの比率が増えてきたとはいえ、現金で受け取

る現金商売が主ですから、売掛金など売上債権残高も他の業種と比べて小さくなります。

キャッシュレスのクレジットカードや電子マネー残高は、売掛金に計上されます。キャッシュレス社会が急激に進展している現状を踏まえ、今後はこの売掛金に着目する必要も出てきます。

現金商売のため現金が多く、一方で仕入れは掛の場合が多く買掛金残高が多くなります。

また現金商売のため、売上債権回転期間〔月〕（売上債権÷月商）が短い点が特徴です。

損益計算書では、小売業は卸売業に比べ多品種・少量を扱い、粗利が高めのため、売上総利益は卸売業や全業種と比較し大きい傾向にあります。

各種商品小売業の代表は、百貨店と総合スーパーです。両者とも一般消費者に対して、さまざまな商品を販売していますが、百貨店は定価で比較的高額商品を、多額の人件費をかけて丁寧な接客のビジネスモデルであるのに対して、総合スーパーは値引きをした商品を手間暇かけず売るビジネスモデルです。

百貨店では自社で在庫を持たない委託販売も多いことから棚卸資産の在庫回転率は思ったほど長くなりません。

総合スーパーは、薄利多売なので営業利益率が低い傾向にあります。ただし、仕入れは掛取引で行うのに対して、売上は現金で入ってくるので、手元のキャッシュは潤沢となり、それを使って出店攻勢をかける業態（ドラックストアなど）もあります。それらの業態は出店し続けて成長している間は安全ですが、成長が止まると急激に財務が悪化するという特徴があります。

小売業の事業性評価検証の事例が、2014年7月の金融モニタリングレポートにあります。これは事業性評価の金融検査を行った初めての事例ですが、その内容は、「事業の特性を考慮した戦略や融資の提案に課題のある事例として、スーパーなどの小売業は事業規模の拡大が収益率の向上に必ずしもつながらないという面があり、営業効率を踏まえない売上の追求や営業エリアの拡大よりも、各店舗の採算管理が重要である場合が多い。しかし企業との間で、「店舗の収益管理や不採算店舗の分析」「新規出店の投資採算性の検証」等についてまでは議論するにいたっていない」というものでした。

　ここから小売業特有の見るべきポイントは、「店舗別の収益管理」が重要であることがわかります。店舗別の業績推移を調べ、不採算店舗はないか、あればどのような原因で不採算に陥っているのか、それを改善するにはどうしたらよいのかを経営者と議論できるかが重要となります。また業績向上には、採算の取れている店舗の特徴を調査し、それを他の店舗にも応用していくなどの前向きな視点も必要となります。

　次にやはり小売業では、棚卸資産（在庫）が見るべきポイントとなります。決算書の金額だけでなく、事業の形態も考えてみましょう。買取販売（利益率は高いが、その分リスクも多い）か、委託販売（利益率は低いが、その分リスクは少ない）かでその見方は違ってきますが、買取販売であれば在庫の鮮度と在庫の適正評価を重点的に見る必要があることがわかるでしょう。

　また店舗を展開している小売業においては、差入保証金の資産性も確認する必要があります。

　小売業の財務改善は、粗利率の改善や、人件費などの販売管理費を下げることですが、値上げをしても仕入れ値も上がっている、国の政策により人件費の上昇が求められている状況では、なかなか困難です。

店舗設備は銀行借入れでまかなう必要があるため、相応の借入金は計上されます。借入金の多寡は債務償還年数が10年以内になっているかがポイントです。

●婦人服・紳士服小売業

　衣料品小売業の決算書の特徴は粗利率の高さ、棚卸資産回転期間の長さ、販売管理費の多さです。

　衣料品はもともと粗利益が高い商品で、流行り廃りはあるものの食品のように賞味期限はなく、季節によって売れ筋があり、個性が重視される商品であるため、一般的には粗利が高くなります。ですから売上総利益率が同業態と比較して低い会社は、経営的に問題があるといえます。

　衣料品は季節性があり、当たれば売れる反面、売れ残りのリスクもはらみます。いきおい在庫が多くなり、棚卸資産回転期間が長くなります。例えば売れ残った冬物が次の冬に売れるとは限らず、一度在庫が不良資産になるとバーゲンによって処理するか、廃棄するかとなりますが、廃棄の場合中小企業は特別損失で商品廃棄損、商品評価損といった費用計上をしますので、特別損失の中身を見ることもその会社がうまくいっているかを見るポイントです。

　販売管理費の中でも、商品の個包装やおしゃれな紙バッグなどの消耗品費、キャッシュレス販売の手数料、POSシステム・什器備品のリース料が多いという特徴があります。

●機械器具小売業

　機械器具小売業の決算書の特徴は、町の中古自動車整備販売業をイメージしてください。中古自動車販売は1台あたりの売上高は大きいものの、販売まで時間がかかるのでいきおい棚卸資産回転期間が長くなります。

また高額の自動車販売は、割賦販売やリースもあるのでその他流動資産が多くなります。その中身に不良資産が隠されていないかを見る必要が出てきます。

　整備工場併設の自動車販売店は、安定した売上があげられ粗利益率が高いことが特徴です。定期的にお客様との接点がもたれることから、営業面で安定した売上に貢献します。

　この業態は、在庫の中身を確認することが一番のポイントです。なぜなら在庫の単価が高いため、売れない不良在庫の増加が、財務諸表の悪化に直結するからです。

●無店舗小売業

　無店舗小売業は、店舗を持たず、カタログや新聞・雑誌・テレビジョン・ラジオ・インターネット等で広告を行い、通信手段によって個人からの注文を受け商品を販売する事業所、家庭等を訪問し個人への物品販売又は販売契約をする事業所、自動販売機によって物品を販売する事業所及びその他の店舗を持たない小売事業所です。

　その決算書の特徴は、貸借対照表では棚卸資産回転期間が長い、損益計算書では、粗利率が高い、販売手数料・広告宣伝費が大きいとの特徴があります。

　インターネット販売をイメージするとその特徴がわかりやすいと思います。

　棚卸資産回転期間が長いのは、ニッチな商品を特定のターゲットに販売することからどうしても在庫を抱えてしまうからです。

　インターネット販売で多くの売上をあげたのに全然儲からないという話をよく聞きます。その無店舗小売業者は、某大手ネット店舗に出店していたのですが、販売手数料・広告宣伝費、その他関連費用をすべて計算してみたら、売上の35％を占めていたというケースもありました。

④ 建設業の決算書の見方

建設業は、日本標準産業分類で総合工事業、職別工事業（設備工事業を除く）、設備工事業の3業種（中分類）に分類されます。

一般的に建設業は、さまざまな業態が含まれ、建設土木工事を請負う業種ではその主なものには、総合工事業、建設工事業、土木工事業、電気工事業などがあります。この業種の主な特徴は複雑な請負形態があることです。例えば住宅建設では、工務店、躯体工事業者、電気工事業者、水道工事業者、空調工事業者、内装工事業者などさまざまな業者が関わり、それぞれの専門家に工事を発注して全体として工事を完成させるという点にあります。

建設業は、見込みで建物建設をしたり、土木工事をすることはなく、必ず発注者がいるので受注産業といわれます。またそのうち土木工事業は、公共工事の増減や景気動向に大きく左右される業種です。

建設業の決算書の把握には、次の2つの建設業特有の財務諸表の注意点を理解する必要があります。

① 建設業界の財務諸表の注意点(1)

一般企業の決算書における「売掛金」は、建設土木業では「完成工事未収入金」という勘定科目に変わります。「完成工事未収入金」とは、完成工事高に計上した工事にかかる請負代金の未収額のことです。

一般企業の決算書における「棚卸資産」にある「仕掛品」「半製品」は、建設土木業では「未成工事支出金」という勘定科目に変わります。「未成工事支出金」とは、引渡しを完了していない工事に要した工事費及び材料購入、外注のための前渡金、手付金等のことです。

一般企業の決算書における「買掛金」は、建設土木業では「工事未払金」という勘定科目に変わります。「工事未払金」とは、工事費の未払額のことです。

　一般企業の決算書における「前受金」は、建設土木業では「未成工事受入金」という勘定科目に変わります。「未成工事受入金」とは、引渡しを完了していない工事の請負代金の受入金のことです。

　まずはこの4つの勘定科目を理解することが決算書理解の前提となります。

② 建設業界の財務諸表の注意点(2)

　次は、建設土木業特有の収益基準である「工事完成基準」と「工事進行基準」です。

　「工事完成基準」とは、工事が完成し、引渡しが完了したことをもって売上高・収益・原価を計上する方法です。「工事進行基準」とは、工事の進捗状況に応じて、決算ごとに売上高・収益・原価を計上する方法です。

　その適用にあたっては、税務上は、一定の要件を満たす工事（工事期間が1年以上でかつ請負金額が10億円以上）については、工事進行基準が強制適用されます。しかし、その他の工事では選択適用ができますので、どちらを採用するかにより完成工事売上高、完成工事原価や前記勘定科目の数字が異なってくることになります。これを期によって変えたり、工事ごとに変えたりすることもできることから、売上と利益の調整が可能となり、複雑になってきます。

　具体例でいうと、売上については実際に引渡しが完了していないのにもかかわらず、売上高を計上することが可能となることから、売上高を過大に計上するという操作ができます。また利益については、完成した工事にかかる原価を完成工事原価として費用処理をしないで、それを未

成工事支出金として繰延処理することで、利益率を改善させるという操作が可能となります。

　これらのことをまずはしっかりと理解するのが、建設土木業の決算書を読む前提となります。

◆図表30　建設業の決算書

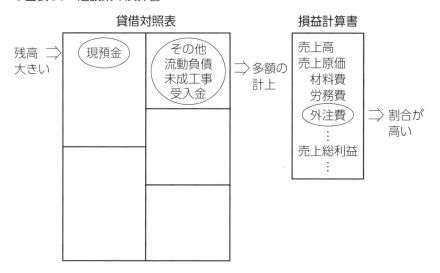

　総合工事業の貸借対照表の特徴は、他業種と比べて現金預金の残高が多く、一方でその他流動負債が多額に計上されていることです。現金預金が多いことは、その他流動負債に未成工事受入金（前受金）が計上されていることに起因します。建設工事のように工事期間が長期になる場合には、材料費・労務費・外注費等の支出が先行して発生します。そのため、売上の一部を手付金や中間金として、受注者からあらかじめ代金の一部を前受けするからです。

　固定資産の割合は、製造業に比べると比較的低く、それほど大きくはありません。

損益計算書の特徴は、外注費の割合が高いことです。建設業は前述したように下請企業を管理して施工するビジネスモデルですから、下請業者に対する外注費が多額に計上されることになります。

　建設業を俯瞰して見ると全体の工事利益を元請け→下請け→孫請けのそれぞれで分け合う構図になります。そうなると自ずと川上にある元請けの利益率が良くなります。元請けは大規模の業者が多いので、規模が大きいほど利益率が良くなる傾向になります。その逆で中小企業は元請けが少ないため、利益率が低い傾向となります。

　また規模の大きい企業になればなるほど、下請企業に外注をする割合が高くなります。したがって下請企業になるほど、外注の割合は低くなる傾向にあります。下請企業は労働集約型の業態となるので、利益をしっかりと確保できる業績を管理するには、工事ごとの原価管理、採算管理が重要になります。

　建設業の決算書のまとめとしては、建設業という括りでは大きすぎるため、業態レベルまで落とし込んで決算書を見る必要があることと、決算書の各数値を全業種や該当業種と比較検討して、どの数値が高いのか、低いのかを見て大きな差がある点を探して分析をする必要があります。

⑤ 不動産業の決算書の見方

　不動産業は、日本標準産業分類では不動産取引業、不動産賃貸業・管理業、物品賃貸業の3業種（中分類）に分類されます。

　不動産業全体の財務の視点は、以下のとおりです。

- ・不動産賃貸部門の費用では、管理費、減価償却費に着目する。
- ・特に減価償却費においては、不動産賃貸部門では減価償却費の割合が高いため赤字回避のため減価償却費を調整することがあるのでしっかりと見る。
- ・中小零細の不動産仲介業者は借入依存度が高いため自己資本比率が低い。
- ・不動産業の費用は、用地仕入原価・建物建築原価・広告宣伝費・人件費であり、収益を上げるためにはコスト削減が不可欠である。
- ・不動産については瑕疵担保責任がつきものであり、偶発債務が発生する可能性がある。
- ・多額の借入金と固定資産がバランスシートに計上されるので、その対比を確認することが重要となる。
- ・預り敷金・保証金・前受賃料などが負債に計上される。
- ・不動産業は土地の仕入れ、企画開発、販売回収にわたる期間が長く負債が増加するため自己資本比率は低くなる（業界平均比率は20%が目安）。

　それでは不動産業の決算書の見方のポイントを記します。

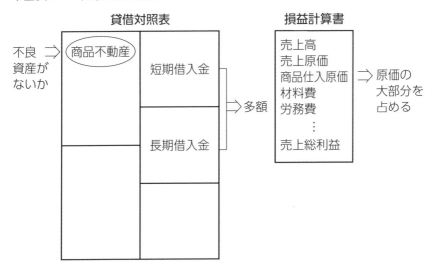

◆図表31　不動産業の決算書

●不動産取引業

　不動産取引業の貸借対照表の特徴は、棚卸資産回転期間が長期で、借入債務が多額であることです。

　不動産は大きな金額が動き、不動産の仕入れから販売までの長期間にわたり不動産販売業者は不動産を保有することになるため、棚卸資産回転期間が長期になります。棚卸資産回転期間が長いということは、事業資金が長期に寝てしまうという経営上のリスクになります。

　一方で不動産購入資金は、その不動産を担保とした金融機関借入れによってまかなうのが一般的ですから、借入債務が多大となります。金融機関としては融資対象不動産が販売されないと貸出金が回収できないリスクがあるため、融資審査では対象不動産の流動性・安全性などをいかに見るかが重要となります。

　不動産の時価は景気動向等で変化しますし、建物価値は減価していきます。そして不良在庫は、売れないリスクや、赤字販売リスクをはらみ

ます。そうした滞留在庫を決算書の附属明細から時系列的に調査し、棚卸資産の内容をしっかりと把握する必要があります。

　中小企業では、貸借対照表上の棚卸資産を切り下げ、損益計算書の売上原価に評価損を計上するという会計処理を実施することは稀なので、決算書には不動産の販売まで滞留在庫のリスクが表面化しないことに注意します。

　損益計算書の特徴は、原価の大部分は商品仕入原価で、粗利益率、営業利益率、経常利益率が中小企業の全体平均より高い傾向にあります。

　借入金が大きいため、支払利息も大きくなるので、経常利益がしっかりと出ているかを見る必要があります。

●不動産賃貸業

　不動産賃貸業は、賃貸用の土地・建物を所有し、地代家賃を継続的に得る業種です。

　貸借対照表の特徴としては、土地・建物を所有しているため、有形固定資産（土地・建物）の割合が高くなります。また、一般的に賃貸用の土地・建物は、金融機関の融資により取得しているため、借入金などの負債も多くなります。

　賃貸不動産は収益を生み出す期間が長いため、金融機関は長期の融資で対応します。この業態は必然的に売上高に対する借入金が多額となるため、債務償還年数も一般的な企業の10年以内で見ることはなく、20年以内まで許容範囲が広がります。

　損益計算書の特徴は、賃料による売上高が比較的安定していることです。また賃料の増減がなければ、安定した売上高をあげることができます。

　土地には耐用年数の概念がなく、建物は劣化するものの経済耐用年数が長いため、将来継続的に長期の賃貸収入を生み出します。したがって

不動産賃貸業は業績が安定しやすいといえます。

　また営業利益率、経常利益率も全業種平均と比べると高い水準の利益率となっています。

　このように不動産賃貸業の決算書を見る場合には、固定資産の割合や負債残高、賃料による売上高・利益に注目してみましょう。

⑥ 運輸業・倉庫業の決算書の見方

　運輸業は、日本標準産業分類によると、道路貨物運送業、道路旅客運送業、水運業、倉庫業、運輸に附帯するサービス業の5業種（中分類）に分類されます。

◆図表32　運輸業の決算書

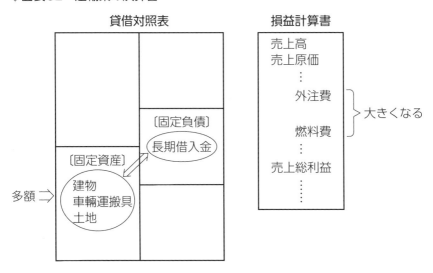

　運輸業の決算書の特徴は、貸借対照表では土地・建物が多額、借入債務が多額となり、損益計算書では売上原価のうち、外注費・その他の売上原価・燃料費が大きくなる点に着目します。
　以下では道路貨物運送業と道路旅客運送業を比較して決算書の特徴を見るとともに、運輸業独自の勘定科目である備車費と、倉庫業の決算書についても簡単に解説します。

●道路貨物運送業と道路旅客運送業

　道路貨物運送業はトラック運送会社を、道路旅客運送業はタクシー業者をイメージしてください。運送業の決算書の特徴は、貸借対照表では車両運搬具の残高が相対的に大きいこと、損益計算書では売上原価のうち、外注費・その他の売上原価が大きい点に特徴があります。

　BtoBのビジネスである道路貨物運送業は掛売上がメインとなり、BtoCのビジネスである道路旅客運送業は大部分が現金売上であり売上債権はクレジットカードやタクシーチケット、電子マネーなどになります。売上債権が異なる点に注意してください。

　また道路貨物運送業はお客様が企業で掛売上のため、売掛金など売掛債権の割合が高くなり、道路旅客運送業はお客様が個人の現金売上であるため、現金の割合が高くなります。

　損益計算書では、道路貨物運送業では労務費よりも外注費とその他の売上原価が大きくなるのに対し、道路旅客運送業は労務費がメインとなります。

　トラック配送業界は中小零細企業が圧倒的に多く、仕事はどこも同じで差別化できません。そのうえ荷主から元請事業者へ、さらに下請事業者という流れで外注されます。そのため外注費に着目することが重要です。

　道路貨物運送業のその他売上原価が道路旅客運送業と比較して大きいのは、トラックなど大型車両では燃料費が大きくなり、トラックは長距離輸送であるため多額の高速道路代がかかるからです。

●備車費

　運輸業では、備車費がさまざまな勘定科目に計上されていることがあります。備車とは聞き慣れない言葉ですが、自社の仕事を下請の運送会社、個人の運送事業者に回すことをいいます。

　備車は、固定費を下げるためにトラックの台数を制限している運輸会

社が行ったり、繁忙期に一時的に他社に仕事を回すことなどが一般的です。この備車費が、売上原価に計上されずに販売管理費に計上されている場合や、運輸業は仕入れがあまりない業種であるにもかかわらず、備車費が買掛金として計上されている場合がありますので、注意が必要です。

●倉庫業

　倉庫業は運輸業に含まれますが、運送業とは大きく財務構造が異なります。倉庫業は、設備投資が大きい業種で、かつ、労働集約的な業態です。倉庫業は、商品を保管するための倉庫と搬出・搬入作業の広い土地が必要となり貸借対照表上では土地・建物が総資産の多くを占めることになります。これに対応して、負債の部では借入金が大きくなります。

　損益計算書では、その業態から、労務費と外注費が売上原価の多くを占める傾向にあります。

　車両機械のリース料、燃料費及び修繕費、保管業務にかかる水道光熱費、保険料などその他の売上原価（経費）の多寡を確認することも重要です。

7 宿泊業の決算書の見方

　宿泊業は、一般的に大きくホテルと旅館に分けられます。両者のビジネスモデルは似ているようですが、ホテルは資本集約型、旅館は労働集約型という違いがあります。

◆図表33　宿泊業の決算書

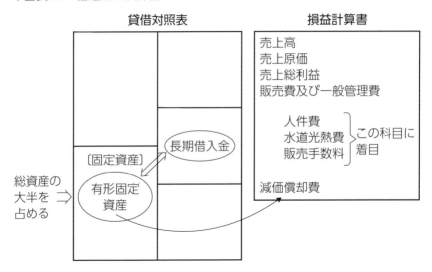

　貸借対照表の特徴は、ホテル・旅館は設備装置産業といわれるように、建物設備である有形固定資産が、総資産の大半を占めることです。しかし建物設備は耐用年数が長いため、有形固定資産の額に対して、損益計算書の減価償却費は相対的に小さくなるのも特徴の一つです。

　有形固定資産は、金融機関からの融資で調達するため、借入債務が年商を超える規模となり支払利息も多額となります。年商を超える借入金

116

は、経営を圧迫しますから、売上高と借入金のバランスを見ることが重要となります。一般的にホテル・旅館であっても年商を超える借入金があると設備更新などが思うようにできず事業として衰退していきます。

　ホテル・旅館の売上と仕入れは原則として現金ですが、売上の中のキャッシュレスによるクレジットカード決済、電子マネー、旅行代理店のクーポンによる売上債権の増加に注意が必要です。

　損益計算書の特徴は、旅館は労働集約型から人件費率が高くなります。一方で都市部型ホテルは建物・駐車場を賃借している場合が多いので、賃借料が多額となります。

　水道光熱費については、設備が大きいため当然に大きくなりますが、特に大浴場を備えているホテルや旅館では燃料代が多額に発生するため水道光熱費が経営に大きな影響を与えます。

　販売手数料は、クレジットカード決済にかかる加盟店手数料に加えて、旅行代理店に対する手数料、大手宿泊予約サイト経由での予約に対して発生する手数料が含まれます。宿泊予約サイトに対する手数料比率も各ホテル・旅館で違うので注意が必要です。

　ホテル・旅館の粉飾決算は、架空売上、仕入れ・減価償却の過少計上が主なものです。それを見破るためには、この業態の売上は「宿泊単価×1室あたりの宿泊人数×客室稼働率×総客室数×営業日数」で算出できます。大まかに客単価×客数の把握、各勘定科目の金額・比率が大きく変動していないかのチェックを行います。

8 飲食業の決算書の見方

◆図表34　飲食業の決算書

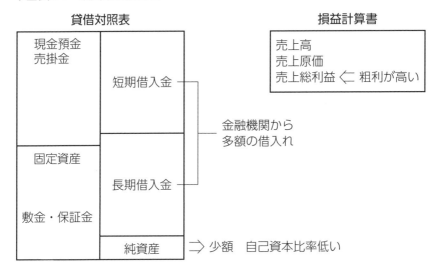

　飲食業は、小規模企業が多いことが決算書の特徴に現れています。

　貸借対照表の特徴は、純資産が少額、自己資本比率が小さい、純資産が薄いため固定比率が高い、金融機関以外からの借入金が多いという傾向にあります。

　損益計算書の特徴は、粗利率が高い、人件費率が大きいという点にあります。

　飲食業特有の指標に、F/Lコストがあります。FはFoodコスト（食材の原価）、LはLaborコスト（人件費）で、FL比率（FLコスト÷売上高）は一般的に60％以内で抑えるのが望ましいとされています。それを超えると経営が苦しくなるということです。

また飲食業は、損益分岐点比率が高い業種であり、売上が安定的に推移していくために固定客の獲得ができているかを見る必要があります。

　コロナ禍で増えたのが、持ち帰り・配達飲食サービス業です。その業務上の特徴は、料理を作り提供するという点では飲食店と同じですが、飲食の場所がなく、持ち帰り・配達で料理を提供することにあります。

　飲食店と比べると地代家賃、水道光熱費、減価償却費の割合が低くなります。しかし参入障壁が低く、既存飲食店の多くが新たに参入し競争が激しいこと、人件費が上昇傾向にあることを考えると、損益計算書において粗利益率のさらなる低下が見込まれる業態です。

●飲食業の勘定科目の特徴

【現金預金・売掛金】

　飲食業というのは、他の業種、例えば製造業や建設業などと比べてやや特別な見方をします。それは、飲食店は現金商売のため、基本的に運転資金が不要であるという点です。

　製造業や建設業など「飲食業以外」の多くの業種は、慣習として掛売りが一般的ですが、飲食業に関しては掛売りというものが基本的に存在しません。売掛金がある業種は 現金回収するまで時間がかかるので、その間の次の仕入れや人件費の支払いに間に合わないから運転資金の調達が必要になります。しかし飲食業は基本的に現金商売であるために、基本的に運転資金が不要となるのです。

　したがって飲食業向けの銀行融資の大半は 、新たな開店資金や、店舗の改装資金などの設備資金の融資、M&A資金の融資となります。

【固定資産】

　飲食業は、出店に関して厳しい規制はなく、保健所に食品衛生法に基づき届出を行うことで開業できるため、参入障壁が低い業種です。一般

的に出店から時が経過するに従い、集客力が低下する傾向にあるため、それに対応するための店舗改装が頻繁に行われます。

　また出店当初から既存店の売上減少を見越して投資回収期間を短く設定し、出店と退店を頻繁に繰り返すスクラップ・アンド・ビルドを行う業種です。

　そうした固定資産を賃借・リースにするか自社物件取得するかでいえば、賃借・リースの方が多いですが、立地が良いなど条件次第では自社物件として取得するケースもあります。

　店舗や店舗設備を賃借している場合、その契約がファイナンス・リース契約に該当する場合には貸借対照表にリース資産・リース負債が計上されます。

　オペレーション・リース契約に該当する場合は、損益計算書に支払リース料が計上されます。

　コロナ禍における顧客利便性の向上で、電子マネーを含むキャッシュレス決済の促進、タッチパネルによる注文、アプリ利用による事前注文・決済等のデジタル活用が進み、こうした流れはウィズコロナの時代も継続するでしょう。また店舗のオペレーションシステムを支えるための営業支援システムであるPOSシステム（販売時点情報管理システム）やOES（オーダー・エントリー・システム）が導入され、注文から調理、会計までの情報が自動的かつ迅速に一元管理システムなどの導入も進んでいます。このように飲食業では、土地・建物の保有、設備の入替え、さまざまな備品の保有など資産が多く、決算書においても固定資産に着目する必要があります。

【敷金・保証金】

　店舗物件を賃借している場合、差入敷金・保証金が計上されます。当然ながらそれらに資産性があるかは確認しておく必要があります。

●その他飲食業の特徴

【減損リスク】

　飲食業態の陳腐化や競合店の出現等の環境の変化によって、店舗の損益が悪化することがあります。一定期間以上店舗損益の赤字が続くなど、資産の収益性の低下により投資額の回収が見込めなくなった場合には、その店舗の固定資産につき減損損失の計上を要する場合があります。

　例えば大規模なチェーン展開を行っている企業ですと、すべての店が黒字であることは難しいといえます。店舗の損益が一定期間赤字であり、今後も改善の目途がつかない場合には、減損損失の計上がありえます。

【投資対効果】

　変化の激しい飲食業界においては、設備資金審査においては、投資対効果（ROI）が最重要指標となり、投資回収期間は3年以内が望ましいとされます。そのためには、初期投資をできる範囲で抑える計画、店舗収益力の維持管理ができる計画であることの確認が必要であり、営業利益率がしっかりと出る計画になっているか、とりわけFLコストについて計画を確認することが重要となります。

【売上高】

　飲食業の売上高は、次の算式に分解できます。

> 飲食業売上高＝（客席回転率×座席数×満席率×客単価）×営業日数

　客席回転率とは、1日の客数を座席数で割ることで得られる指標です。例えば、席数が40席の店舗に1日120人の客が入れば、客席回転率は120÷40＝3回転になります。客席回転率×座席数によって1日の客数を表しています。

　客席回転率を上げるためには、業態にもよりますが、一般的に店側の

持ち時間を短くすることである程度改善することができます。オーダーの承りや料理の提供時間、中間下げや最終下げをスピーディーに行うことでそれが可能となります。

満席率とは、例えば店内満席だが、4人テーブルに2人客が座るなど、満席＝満員でないことを考慮する指標です。この満席率については、一人客が多いのか、2人組が多いのか、家族連れが多いのか、あるいは平日・休日で客層が変わっているのかなどを分析し、店のレイアウトを変更するなどで改善することが可能です。

客単価を上げるための方法は大きく分けて、アップセル、クロスセル、値上げの3つの方法があります。

アップセルとは、より上位単価のメニューにお得感を出すことにより単価アップを狙う方法で、例えば有名なものに松竹梅があります。これはコース料理などをいくつか用意し、値段に差をつける方法です。価格を3段階用意すると、お客様は大抵「竹」を選びます。松竹梅の購入する人の割合は、だいたい3：5：2のイメージです。したがって、竹を一番利益が上がる商品にします。

クロスセルとは、注文された料理と関連するものを同時に注文してもらうように、勧める方法です。例えばハンバーガーを注文したお客様に対して、「ご一緒にドリンクやポテトはいかがですか」と勧めることで、1人あたりの売上や収益を上げる方法です。

値上げについては、飲食店経営者の多くは値上げに抵抗を感じがちですが、よりよいサービスを提供するためには必要な対策です。値上げの際は一律値上げではなく、提供食に差をつけて値上げをする方策をとります。

このように飲食業の決算書からは、企業の持続性を高める多くの情報を得ることができます。

介護サービス業は、高齢化の進展による需要増を背景として拡大を続けています。

介護サービス業の形態・種類は多くて複雑のため、決算書を読む前にまずはその理解が必要となります。

●サービス付き高齢者向け住宅（サ高住）

「サービス付き高齢者向け住宅（サ高住）」とは、民間事業者などが運営するバリアフリー構造の賃貸住宅で、高齢者の人が医療・介護が必要となっても住み続けることができる住宅のことです。それまでの高専賃制度等を統合する形で創設された制度で、平成23年10月から登録が開始され、その後10年間で60万戸の整備が目標とされたため、多くの事業者がサ高住への参入をした経緯があります。

サ高住で義務づけされているのは、安否確認サービスと生活相談サービスです。看護師や介護福祉士など指定する資格を持つスタッフが常駐しています。

入居条件は、60歳以上、または要介護・要支援認定を受けている人になります。

有料老人ホームのように入居一時金はなく、月払いだけの費用で済む施設が多いのが特徴です。

サ高住事業者の種別では株式会社が61.5%、医療法人が12.8%、業種は介護系事業者が70.2%、医療系事業者が13.7%となっています。

戸建てから住み替える元気な高齢者をターゲットにしている高齢者向けのケア付きマンション（一般的なサ高住よりも広く、住設備を完備し

たマンション）の開発が相次いでいます。

●有料老人ホーム

　「有料老人ホーム」とは、常時1人以上の高齢者（65歳以上）を入所させて、生活サービスを提供することを目的とした施設で、老人福祉施設でないものをいいます。有料老人ホームは、株式会社（営利法人）及び医療法人での運営が可能です。

　介護付き有料老人ホーム、住宅型有料老人ホーム、健康型有料老人ホームの3類型があります。

　介護付き有料老人ホームは、食事や介護サービスを受けることができる都道府県の指定（認可）を受けている有料老人ホームで、介護保険制度上では「特定施設入居者生活介護」に分類されます。

　住宅型有料老人ホームは、食事や生活援助サービスの提供や緊急時の対応を受けられるほか、レクリエーションなどを楽しむことができる施設です。

　住宅型有料老人ホームの生活援助サービスとは、施設利用者の掃除、洗濯、買物、食事作り、薬の受取りなど、生活のお手伝いを行うサービスのことをいいます。施設スタッフによる介護サービスは、緊急時を除き基本的にありません。

　地域の通所介護（デイサービス）や通所リハビリ（デイケア）のサービス、訪問介護などの在宅介護サービスなどが利用できます。

　健康型有料老人ホームは、介護を必要としていない自立した高齢者が主に利用している施設で、食事等のサービスを受けることができ、老後の生活を満喫するための娯楽やサービスも充実していますが、全国でも数が少ないのが実情です。また自立した高齢者を対象としている施設なので、介護が必要になった場合は退去しなくてはなりません。

【TKC経営指標】有料老人ホーム114件の平均（千円）、平均従事員数40.8名

売上高	229,533
変動費	21,730
仕入高	21,133
外注費	448
その他	149
限界利益	207,803
固定費	200,990
人件費	128,494
減価償却費	13,278
租税公課	3,514
地代家賃・賃借料	14,719
支払利息・割引料	4,075
その他	36,910
経常利益	6,813

→ 限界利益率（90.5％）が高いのが特徴

→ 人件費率（60％）が高い労働集約型業種
→ 建物があるので、減価償却費が多い

→ 賃借形式も多い

→ 経常利益率はおよそ3％

●特別養護老人ホーム（介護老人福祉施設）

　「特別養護老人ホーム（特養）」とは、重度の要介護者（在宅では介護が困難な高齢者）を対象として、長期にわたり介護等のサービスを受ける施設です。公的に運用されている介護施設の一つで、事業主体は社会福祉法人がほとんどで、医療法人・営利法人はその開設ができません。

　民間運営の有料老人ホーム等に比べ低料金ですが、要介護3以上しか入居できないなど、条件が厳しく設定されています。また入所待機状態が続いていることで有名な業態です。

●介護老人保健施設

「介護老人保健施設（老健）」とは、病院から退院した要介護者が入ってリハビリ等を行うなど病院と在宅の中間施設です。主に長期入院をしていた人が、退院して家庭に戻るまでの間に利用されることの多い施設で、特養などと同様に、介護保険が適用される公的な施設です。施設には常勤の医師が必要なため、運営主体は医療法人が多く、営利法人の開設はできません。理学療法士や作業療法士など、リハビリを行うスタッフが常勤しているのも老健の特徴の一つです。

●グループホーム

「認知症対応型共同生活介護（グループホーム）」とは、認知症の要介護者を対象とした施設です。高齢化社会において、認知症患者数は増加傾向にあり、認知症や前段階である軽度認知障害の高齢者向け施設の需要は高まっています。入居するには65歳以上で要支援2又は要介護1以上の認定を受け、認知症の診断を受ける必要があります。

定員が1施設18人以下と制限されており、運営主体は社会福祉法人（23.7%）と営利法人（54.6%）が多くを占めます。

【TKC経営指標】認知症老人グループホーム120件の平均（千円）、平均従事員数30.2名

売上高	131,018
変動費	7,768
仕入高	7,354
外注費	227
その他	187
限界利益	123,250
固定費	118,471
人件費	87,452
減価償却費	6,411
租税公課	1,325
地代家賃・賃借料	5,653
支払利息・割引料	1,363
その他	16,267
経常利益	4,779

限界利益 123,250 → 限界利益率94％

人件費 87,452 → 人件費率66.7％

経常利益 4,779 → 経常利益率3.6％

●デイサービス

　「（予防）通所介護」（デイサービス）」とは、デイサービスセンター等に通って利用者が日帰りで多岐にわたるサービス（健康チェックや入浴、排泄の介助、昼食の提供、アクティビティといった日常生活上の支援が受けられる施設です。デイサービスはかつて1兆3,000億円規模の市場といわれ、成長を続けてきましたが、平成24年に介護報酬の改訂があり、現在は事業者の事業運営の工夫が経営の鍵となっています。またコロナの影響で通所介護は利用控えが広がってしまったので、厚生労

働省は、令和2年6月より介護報酬の算定ルールの特例を打ち出して支援をしています。

　デイサービス（通所介護）とデイケア（通所リハビリテーション）の違いは、いずれも食事や入浴などのサービスを提供していますが、デイケアの主な目的はリハビリで、デイケアには医師の在籍が義務づけられていますが、デイサービスで提供されている機能訓練は、医師の指示に基づくものではない点にあります。

【TKC経営指標】通所・短期入所介護事業514件の平均（千円）、平均従事員数22.4名

売上高	94,236
変動費	4,968
仕入高	4,622
外注費	272
その他	74
限界利益	89,268
固定費	86,852
人件費	59,950
減価償却費	4,565
租税公課	880
地代家賃・賃借料	5,487
支払利息・割引料	1,166
その他	14,804
経常利益	2,416

限界利益 89,268 → 限界利益率94.7%

人件費 59,950 → 人件費率63.6%

経常利益 2,416 → 経常利益率2.56%

●ショートステイ

「（予防）短期入所生活・療養介護（ショートステイ）」とは、一時的に自宅での介護ができなくなった場合や、家族の介護負担軽減が必要な場合など、短期間入所して介護、レクリエーション、機能訓練等を受ける施設です。生活介護は社会福祉法人、療養介護は医療法人が運営主体になっているケースが多くを占めています。

●決算書のポイント

介護サービス業界の最大の特徴は、売上の多くが国民健康保険団体連合会（国保連）からの入金で占められることです。介護報酬については、原則1割を利用者から徴収し、残りの9割は市町村から委託を受けた国民健康保険団体連合会（国保連）からの入金となり、そのタイムラグは約2ヶ月です。

介護事業の貸借対照表上のポイントは、売掛金の90％が国保連からの入金であり、貸倒れのリスクがほとんどないことです。その反面、前述したように売掛金の入金サイトは翌々月の月末ですので支払いが先行します。したかって売上が大きく伸びている場合は、必要となる運転資金が増加しますから、資金繰りの状況を見ることがポイントとなります。

運転資金は金融機関からの借入れのほか、ファクタリング（診療報酬債権をファクタリング会社に売却することで流動化すること）で調達している場合もあります。介護サービス業の決算書で未収入金があった場合は、ファクタリングによる入金予定の金額かもしれません。

ファクタリングは、債権の売買契約ですから銀行融資とは違い利息制限法が適用されません。したがって手数料・諸費用が高額になります。また金融機関から見るとファクタリングを利用しているところは、資金繰りに行き詰まっている、融資の返済財源を食われているという見方を

しますから、好ましくありません。

　介護サービス業で不動産の資金ニーズが高いのは、居住系・施設系（サ高住、有老ホ、特養、老健、デイサービス、ショートステイ）ですが、介護業界の場合は、不動産賃借が多いのもひとつの特徴です。一方で施設を開所する場合に土地・建物を取得するケースでは、ほかに介護に必要な特別な付属設備が必要となりますから固定資産の比率が高くなります。

　また介護サービスの大部分が労働力によって提供されることら、人件費の負担が大きくなり、売上高販管費率（販管費÷売上高×100）が高いのもこの業種の特徴です。

　決算書では表されませんが、企業の持続性を高めるためには、介護サービスごと・事業所ごとに部門別損益管理を把握することが必要となる業種です。

Chapter- 7

業種別事例による
融資力トレーニング

　ビジネス教育出版社の書籍に、山田ビジネスコンサルティング編の業種別事例による『融資力5分間トレーニングブック・トレーニングドリル』があります。

　筆者もそのトレーニングをすることで融資力を高めていった経験があります。

　本書の最後には、そのトレーニングの形式を使って、業種別の融資力トレーニング事例を作成しましたので、読み進めることで自身の融資力を確認してみてください。

建設業（総合工事業）

事例 1-1　A 社

《企業概要》

設立	1930年
業種	総合工事業
資本金	10,000千円
年商	12億円
従業員	20名
取引銀行	地銀当行一行先

A社は、当行の長年取引先である。取引銀行は、以前は複数あったが、いつのまにか当行に集約され、今は一行先である。

業況はその時々の経済状況に左右されるはずであるが、少額の当期純利益を長年にわたり安定的に計上している。

社長から、経常運転資金として50百万円、返済期間7年、据置期間2年の融資の申し出があった。

担当者として、限られた情報の中ではあるが、申し出の背景、以下の財務内容等を勘案して、本件融資を取り上げるのか、否か、質問に答えながら判断しなさい。

【A社の決算内容】

損益計算書

(単位:百万円)

	前々期	前期
完成工事 売上高	1,200	1,200
完成工事原価	1,000	1,000
売上総利益	200	200
販管費	170	180
営業利益	30	20
営業外損益	▲ 20	▲ 20
経常利益	10	0
特別損益	0	10
税引前 当期利益	10	10
法人税等	4	4
当期純利益	6	6
(減価償却費)	10	10

貸借対照表

(単位:百万円)

科目	前々期	前期	科目	前々期	前期
流動資産	810	860	流動負債	620	670
現預金	250	280	支払手形	160	170
受取 手形	10	10	工事 未払金	50	60
完成工事 未収入金	200	210	短期 借入金	250	300
未成工事 支出金	180	190	未成工事 受入金	150	130
短期 貸付金	100	100	その他	10	10
その他	70	70	固定負債	650	624
			社債	50	50
固定資産	70	550	長期 借入金	600	574
土地	200	200	負債合計	1,270	1,294
建物	200	195	資本金	10	10
機械等	40	35	利益 剰余金	100	106
その他 資産	130	130	純資産合計	110	116
資産合計	1,380	1,410	負債・純 資産合計	1,380	1,410

[経営指標]

	前々期	前期	業界平均
流動比率	142%	139%	159%
固定比率	518%	474%	96%
固定長期適合率	75%	74%	56%
自己資本比率	8%	8%	34%
売上総利益率	17%	17 %	17%
売上高営業利益率	3%	2%	3%
売上高経常利益率	1%	0%	3%

［財務の視点］

Q1 建設業の会計では、一般の決算書と異なる勘定科目が使用されます。次の勘定科目は一般の決算書ではどの勘定科目になりますか。（1）完成工事未収入金、（2）未成工事支出金、（3）工事未払金、（4）未成工事受入金

A

（1）完成工事未収入金　→　売掛金
（2）未成工事支出金　　→　棚卸資産（仕掛品）
（3）工事未払金　　　　→　買掛金
（4）未成工事受入金　　→　前受金

Q2 簡単に損益計算書についてコメントしてください。

A

・販管費の増加により、経常利益が0になった。
・特別損益でかろうじて黒字となっているので、実態は赤字の可能性がある。
・少ない利益を毎期同じだけ計上している（どうやって調整しているのか）。

Q3 コロナ禍における特別利益とは、何が考えられますか。

A

・雇用調整助成金など各種助成金が考えられる。
・雇用調整助成金の会計処理は、営業外収益の雑収入に計上する実務が一般的であるが、最近では特別利益に計上されているケースも散見される。

Q4 当社の前期と前々期のキャッシュフロー額はいくらですか。

A

〈前々期〉

・当期純利益＋減価償却費＝6＋10＝16百万円

〈前期〉

・当期純利益＋減価償却費＝6＋10＝16百万円

Q5 当社の債務償還年数を計算してください。

A

〈前々期〉

短期借入金250＋社債50＋長期借入金600＝ 900

受取手形10 ＋完成工事未収入金200＋未成工事支出金180 ＝390
支払手形160＋工事未払金50＋未成工事受入金150＝360
390－360＝30

（900－30）÷16＝54年

〈前期〉

短期借入金300＋社債50＋長期借入金574 ＝ 924

受取手形10 ＋完成工事未収入金210＋未成工事支出金190 ＝ 410
支払手形170＋工事未払金60＋未成工事受入金130＝ 360
410－360＝50
（924－50）÷16＝55年

Q6 当社のEBITADA有利子負債倍率を算出してください。

A

〈前々期〉

（借入金・社債900 − 現預金250）÷（営業利益30 + 減価償却費10）＝ 16

〈前期〉

（借入金・社債924 − 現預金280）÷（営業利益20 + 減価償却費10）＝ 21

Q7 当社の経営指標を業界平均と比べてそのポイントを簡潔に述べてください。

A

　流動比率は業界水準並みであるが、固定比率が業界平均を大きく上回り、自己資本比率が低く、安全性に問題がある。

[融資判断]

Q8 当社の経常運転資金の申し出につき、一行先といった背景を踏まえどう思いますか。

A

・一行先ということは、当行が支援しないと資金繰りが破綻する可能性が高く、責任が重い。

・銀行取引は、メイン1、サブ2、政府系金融機関1が望ましい。

Q9 以上のことを踏まえたうえで、融資の可否判断をしてください。

結論　可・<u>否</u>

その融資可否判断の根拠を箇条書きで記載してください。

A

・完成工事売上高に対する借入金の比率が77％の水準であり、借入過多である。

・債務償還年数、EBITDA 有利子負債倍率も高く、返済能力に問題がある。

・黒字ギリギリで横並びの利益計上は、粉飾の可能性が高い。

・しかし、資金繰り表を確認して、短期資金で融資ができるかを検討する。

Q10 当社の本業支援に際して、あなたならどんなアドバイスをしますか。

A 経費削減、資産処分などの財務体質改善をアドバイスする。

建設業（土木工事業）

```
┌─────────────────────────┐
│  事例1-2  Ｂ社          │
├─────────────────────────┤
│ 《企業概要》             │
│ 設立        1982年      │
│ 業種        土木工事業   │
│ 資本金      50,000千円   │
│ 年商        15億円       │
│ 従業員      40名         │
│ 取引銀行    地銀・信金   │
└─────────────────────────┘
```

　Ｂ社は、県内の中堅土木会社で公共工事中心に受注している。当社とは以前融資取引はあったが、ここ５年程度取引が疎遠になっていた。社長は、支店長が代わったのを契機に取引を再開したいと２期分の決算書を持って訪ねてきた。

　社長から「公共工事中心では企業の発展性がないと考え、民間土木工事に参入したいと考えている。前々期までは業績は低迷していたが、前期から大きく業況は改善している。民間工事参入までの運転資金として、50百万円の融資をお願いできないか」との申し出があった。

　担当者として、限られた情報の中ではあるが、申し出の背景、以下の財務内容等を勘案して、本件融資を取り上げるのか、否か、質問に答えながら判断しなさい。

【B社の決算内容】

損益計算書

（単位：百万円）

	前々期	前期
完成工事売上高	1,300	1,450
完成工事原価	1,100	1,150
売上総利益	200	300
販管費	200	220
営業利益	0	80
営業外損益	▲20	▲20
経常利益	▲20	60
特別損益	▲5	10
税引前当期利益	▲25	70
法人税等	5	28
当期純利益	▲30	42
（減価償却費）	25	25

貸借対照表

（単位：百万円）

科目	前々期	前期	科目	前々期	前期
流動資産	570	700	流動負債	460	580
現預金	150	105	支払手形	15	35
受取手形	10	10	工事未払金	150	230
完成工事未収入金	200	340	未成工事受入金	30	50
未成工事支出金	190	230	短期借入金	250	250
その他	20	15	その他	15	15
固定資産	280	230	固定負債	260	250
要償却資産	180	140	長期借入金	260	250
土地	70	70	負債合計	720	830
その他資産	30	20	株主資本	130	100
			純資産合計	130	100
資産合計	850	930	負債・純資産合計	850	930

［経営指標］

	前々期	前期	業界平均
流動比率	124%	%	181%
固定比率	215%	%	80%
固定長期適合率	72%	%	54%
自己資本比率	15%	%	43%
売上総利益率	15%	%	17%
売上高営業利益率	0%	%	3%
売上高経常利益率	▲2%	%	3%

Q1　土木工事業の業種特性を考えて、一般的な事業の特性を述べて
ください。

A

・公共工事と民間工事に分かれ、景気の動向のほか、最近は災害の状況
　に左右される。
・元請け、1次下請け、2次下請けなど重層化しており、その契約条件
　も多様である。

Q2　前々期の数値を参考にして、前期の経営指標を算出してくだ
さい。

A　　　　　　　　　　　　　　［経営指標］

	前々期	前期	業界平均
流動比率	124%	121%	181%
固定比率	215%	230%	80%
固定長期適合率	72%	66%	54%
自己資本比率	15%	11%	43%
売上総利益率	15%	21%	17%
売上高営業利益率	0%	6%	3%
売上高経常利益率	▲2%	4%	3%

Q3 前期の財務諸表上のポイントを前々期と比較しながら述べてください。

A

・B社の業績は、前々期の赤字から黒字に転換した。
・売上高と完成工事未収入金が、前々期に比べて大幅に増加している。
・未成工事支出金が増加しているとともに、会社の規模に比べて高い水準で推移している。

Q4 建設業では利益の調整が行われることがありますが、どのような方法で行っていることが考えられますか。

A

・収益の前倒し計上
・費用の先送り
・建設土木業特有の収益基準である「工事完成基準」と「工事進行基準」を工事ごとに使って売上・利益の調整をしている可能性がある。
・工事が完成し、引渡しが完了したことをもって売上高・収益・原価を計上する「工事完成基準」によって売上高を計上している場合は、実際に引渡しが完了していないにもかかわらず、操作によって売上高を計上することが可能である。
・工事の進捗状況に応じて、決算ごとに売上高・収益・原価を計上する「工事進行基準」においても、請負金額や進捗状況などの見積もりを操作することにより、売上高を過大に計上することが可能となる。

Q5 Q4の問題点を検証する方法を考えてください。

A

・工事台帳を取り受けて、請負金額、工期、工事の進行状況を確認し、売上高総利益率等との大きな相違がないかを確認する。
・請負金額の大きな工事につき、ヒアリングで上記の確認をする。

Q6 当社のEBITADA有利子負債倍率を算出してください。

A

〈前々期〉

（借入金510－現預金150）÷（営業利益0＋減価償却費25）＝14

〈前期〉

（借入金500－現預金105）÷（営業利益80＋減価償却費25）＝4

Q7 当社の経営指標を業界平均と比べてそのポイントを簡潔に述べてください。

A 流動比率は業界水準より低く、また固定比率が業界平均を大きく上回り、自己資本比率が低く、安全性に大いに問題がある。

[融資判断]

Q8 以上のことを踏まえたうえで、融資の可否判断をしてください。

A 　結論　可・㊝

Q9 その融資可否判断の根拠を箇条書きで記載してください。

A

・建設業界を取り巻く経済環境を考えると、あまりにも劇的に業績が改善しているのは不自然である。

・他行庫に融資を断られて持ち込んだ可能性も捨てきれず、安易に融資の回答をすることは危険である。

**建設業：長年の大口メイン正常先と
経営者保証ガイドライン**

　当社は、土木、建設など総合工事業を営み、業歴55年の当行の長年
の大口先である。融資シェアは70％のメイン先であり、過去の内部留
保の大きな蓄積により常に正常先にランクされており、貸出金はⅠ分類
である。しかしながら総合工事業は、工事受注が公共事業の状況や景気
の動向により大きく左右されることもあり、業況・財務リスクは常につ
きまとっている。

　業況リスクとしては、売上高の変動要因があること、財務リスクとし
ては、工事の進捗状況により工事完成基準と工事進行基準の取扱い方法
により売上・収益・原価が大きく変動することである。

　こうした長年の大口メイン先の特徴は、当社のように売上高が大きく
変化しているにもかかわらず、計ったように少額の利益を出し続けてい
るところにある。そのような財務諸表の当社から、経営者保証解除の申
し出があった。担当者であるあなたは、この取引先にどのように回答し
ますか。設問に解答しながら結論を導きなさい。

損益計算書

(単位:百万円)

	前々期	前期	今期
売上高	1,100	900	1,400
売上原価	970	790	1,250
売上総利益	130	110	150
販売管理費	120	100	130
営業利益	10	10	20
営業外費用	5	5	5
経常利益	5	5	10
税引前当期利益	5	5	10
法人税等	2	2	4
当期純利益	3	3	6
(減価償却費)	15	15	15

貸借対照表

(単位:百万円)

科目	前々期	前期	今期
流動資産	1,135	1,105	960
現金・預金	70	50	170
完成工事未収入金	85	45	70
未成工事支出金	680	660	640
その他流動資産	300	350	80
固定資産	785	865	860
建物・構築物	30	30	50
土地	450	450	450
その他固定資産	305	385	360
資産合計	1,920	1,970	1,820

	前々期	前期	今期
流動負債	1,000	947	794
支払手形	20	10	10
工事未払金	10	15	55
短期借入金	540	250	300
未成工事受入金	430	670	400
その他流動負債	0	2	29
固定負債	50	140	150
長期借入金	50	140	150
負債合計	1,050	1,087	944
資本金	50	50	50
その他剰余金	820	833	826
純資産合計	870	883	876
負債純資産合計	1,920	1,970	1,820

Q1 金融庁の統計によると「新規融資に占める経営者保証に依存しない融資の割合」は、2021年3月末時点で何％くらいあると思いますか。

A 〔新規融資に占める経営者保証に依存しない融資の割合（令和4年6月23日公表）〕

2017 年度	16.5%
2018 年度	19.1%
2019 年度	21.5%
2020 年度	27.2% ⇧
2021 年度	29.9% ↑

Q2 経営者保証を外すために取引先に求められる3要件とは何ですか。

A ①法人と経営者との関係の明確な区分・分離
②財務基盤の強化
③財務状況の正確な把握、適時適切な情報開示

Q3 ①の要件について、具体的な内容を説明してください。

A

・本社、工場、営業車等の法人の事業活動に必要な資産は法人所有となっている。

・自宅兼店舗、自家用車兼営業車などの場合、法人から経営者に対し適切な賃料が支払われている。

・法人から経営者に対し、事業上の必要性が認められない貸付が行われ

ていない。

・法人と経営者との間の資金のやりとりが、社会通念上適切な範囲を超えていない。

・個人消費の飲食代等は、法人の経費処理に含まれていない。

Q4 ②の要件は、どんな数値であればクリアできると思いますか。思いつくものをいくつかあげて、当社の財務諸表を見てクリアしているか否かの判断をしてください。

A

・不動産担保等で保全が充足している。

・融資金額に対して、十分な資産を有している。

・融資金額に対して、十分なキャッシュフローを有している。

・業績が堅調で十分な利益（キャッシュフロー）を確保しており、内部留保もしっかりある。

・EBITDA有利子負債倍率（＝（借入金・社債－現預金）÷（営業利益＋減価償却費））が10〜15倍以内である。

・使用総資本自己資本比率（（営業利益＋受取利息・受取配当金）÷資産の額×100）が10％以上ある。

・インタレスト・カバレッジ・レシオ（（営業利益＋受取利息・受取配当金）÷（支払利息＋割引料））が2倍以上ある。

・3期連続して黒字決算であり、将来的にも返済に必要な収益・キャッシュフローの確保が見込まれる。

・2期連続黒字かつ自己資本比率20％以上かつ債務償還年数10〜15年以内である。

・直近期黒字かつ自己資本比率50％以上かつCFがプラスである。

・2期連続黒字かつ資産超過でありかつ債務償還年数10年以内である。

・当社の②の要件の判断

　当社は過去の蓄積から内部留保が厚く、自己資本比率も40％台を維持しているが、当期利益が少ないため十分なキャッシュフローを有しているとは言い難い。しかしながら毎期黒字を計上している上に、直近期のEBITADAの数値は10倍以内まで改善しており、総合的に考えれば、クリアしていると判断できる水準といえる。法人と経営者との明確な区分・分離、財務状況の正確な把握、適時適切な情報開示が行われていれば、経営者保証の解除という判断はありえる状況にある。

Q5　当社の3要件を確認しましたが、少額の役員貸付金があり、厳密には3要件を満たしませんでした。その場合の考え方を述べてください。

A

　ガイドラインはその運用として、3要件が未充足であっても、最終的には金融機関の総合判断、創意工夫で経営者保証を求めなくても問題はない。営業店の融資担当者は、ガイドラインの運用に際して柔軟な取組みができていない傾向にあるので、今一度、自行庫のガイドラインについて確認し、支店長は取引先に対し、どのような経営を行えば経営者保証を外せるかのアドバイスを行う。

Q6　あなたはなぜ経営者保証を外すことに抵抗を感じるのかを述べてください。

A　経営者保証を外せないのは、保全と規律の面で不安があるからである。保全の面で言えば、筆者の過去の経験からすると、純粋な個人保証からの回収は、ほとんど望めない。したがって保全の観点から経営

者保証の必要性は低いと言える。では規律付けが経営に対するプレッシャーになり得るのかということだが、長年の事業を継続している大口メイン正常先であれば、その点何ら問題はないだろう。金融検査マニュアルが廃止されるなど時代は変わりつつある。正常先については、経営者保証の見直しを図るのが、現代金融の流れである。

Q7 以上のことを踏まえて、あなたは当社の経営者保証を解除しますか、それともしませんか。

A 経営者保証に関しては、解除すべきものは解除するといった姿勢で臨む。

保証契約を解除できない場合は、(1)法人と経営者との関係の明確な区分・分離(2)財務基盤の強化(3)財務状況の正確な把握、適時適切な情報開示による経営の透明性の確保の3つについて、どの部分が十分ではないために保証契約が必要になるのか、どのような改善を図れば保証契約の変更・解除の可能性が高まるかの客観的合理的理由について、取引先の知識、経験に応じ、その納得を得ることを目的とした説明を行う必要がある。

事例 2-1　C 旅館

《企業概要》
設立	1925年
資本金	10百万円
年商	15億円
従業員	50名
取引銀行	地銀・信金

　C旅館は、1925年創業の老舗の温泉旅館である。温泉の質が良く人気のある旅館であった。高度成長期からバブル経済の頃の業況はよかったが、現在は4代目が経営を行っており、新しい風を吹き込もうとしている。

　以前の主要ターゲットは、企業の団体旅行などであったが、今はその時代ではなく、3代目社長は個人旅行客へターゲット変換を行ったが、宿泊単価を上げることができずジリ貧となった。

　4代目社長に変わり、コロナ禍となったが、助成金などでなんとかしのいできて、コロナ禍の反動需要でここ2年の業況は復活している。「コロナ禍が収まり3年が経過した今こそ抜本的な対応が必要であることから、大改装を行いたい。1億円の設備資金をお願いできないか」との依頼があった。

　この申し出にあたって担当者として、申し出の背景、以下の財務内容等を勘案して、どう回答するのか、質問に答えながら判断しなさい。

【C旅館の決算内容】

損益計算書

(単位:百万円)

	前々期	前期
売上高	1,600	1,550
売上原価	500	500
売上総利益	1,100	1,050
人件費	450	430
経　費	600	550
営業利益	50	70
営業外損益	▲50	▲55
経常利益	0	15
特別損益	0	0
税引前当期利益	0	15
法人税等	0	0
当期純利益	0	15
(減価償却費)	20	20

貸借対照表

(単位:百万円)

科目	前々期	前期	科目	前々期	前期
流動資産	370	390	流動負債	460	550
現預金	200	210	買掛金	40	40
売掛金	45	50	短期借入金	350	450
棚卸資産	25	20	その他	70	60
その他	100	110	固定負債	2,000	1,940
固定資産	2,100	2,110	長期借入金	2,000	1,940
要償却資産	1,550	1,560	負債合計	2,460	2,490
土地	450	450	株主資本	10	10
その他固定資産	100	100	純資産合計	10	10
資産合計	2,470	2,500	負債・純資産合計	2,470	2,500

[経営指標]

	前々期	前期	業界平均
流動比率	80%	71%	166%
固定長期適合率	100%	108%	96%
棚卸資産回転期間（日）	6日	5日	6日
自己資本比率	0%	0%	27%
売上高経常利益率	0%	1%	6%
売上高減価償却費比率	1%	1%	6%

［事業性評価の視点］

Q1 温泉旅館の業種特性を挙げてください。

A

・多額な投資が必要な装置産業である。
・定期的に設備投資が必要となる。
・季節・曜日により繁閑がある。
・衛生管理が重要である。

Q2 温泉旅館経営のチェックポイントを挙げてください。

A

・温泉地としてのブランド力
・集客力があるか
・設備に魅力・特徴があるか
・サービスの質は高いか
・ホームページからの集客ができているか

［財務の視点］

Q3 当社の損益計算書における問題点は何ですか。

A

・売上が減少している。
・売上高減価償却費比率を業界平均と比べることにより、減価償却不足
　が疑われる。
・実質赤字の可能性が高い。

Q4 当社の貸借対照表における問題点は何ですか。

A

・年商を上回る借入金があり、増加傾向にある。

・表面上は資産超過だが、実質債務超過の可能性が高い。

・現預金が本当にあるのか疑わしい。

Q5 当社のキャッシュフロー等から勘案して返済能力はありますか。

A キャッシュフローは、前々期20百万円、前期35百万円であり、返済能力があるとは言い難い。

[融資判断]

Q6 以上のことを踏まえたうえで、融資の可否判断をしてください。

A <center>結論　可・⊘</center>

Q7 その融資可否判断の根拠を箇条書きで記載してください。

A

・既存借入金も多額でキャッシュフローで償還財源を確保しているとは言い難い。

・実質赤字状態から脱却できる見通しがない。

・時代の変化に対応できてなく、かつ衰退産業でもあり、抜本的な再生は難しい。

演習 2-2 美容院

```
事例2-2  D社

《企業概要》
設立          2000年
資本金        2百万円
年商          40百万円
従業員        5名
取引銀行       地銀
```

　D社は、創業22年、夫婦と従業員３名で美容院を経営している。店舗は１店舗のみで自社所有、当行の担保となっている。当行は、およそ10年前に店舗改装資金として10百万円を15年返済で融資している。地域内チェーン店が増えている中、地域内の固定客を掴み、安定した売上を計上しているが、現状ではこれ以上の成長は見込めない。

　スタイリストでもある社長から、「シャンプー台などの美容既存設備の老朽化のため、新しいものに取り替えたい。その設備資金として４百万円の融資を検討してもらえないか」との申し出があった。

　美容設備の法定耐用年数は５年であるが、できればそれよりも長期での借入れが希望である。

　この申し出にあたって担当者として、申し出の背景、以下の財務内容等を勘案して、どう回答するのか、質問に答えながら判断しなさい。

【D社の決算内容】

損益計算書

（単位：百万円）

	前々期	前期
売上高	40	40
売上原価	4	4
売上総利益	36	36
販管費	34	34
営業利益	2	2
営業外損益	0	0
経常利益	2	2
特別損益	0	0
税引前当期利益	2	2
法人税等	1	1
当期純利益	1	1
（減価償却費）	1	1

貸借対照表

（単位：百万円）

科目	前々期	前期	科目	前々期	前期
流動資産	7	7	流動負債	8	7
現預金	4	4	買入債務	2	2
売上債権	1	1	短期借入金	4	4
棚卸資産	1	1	その他	2	1
その他	1	1	固定負債	9	8
固定資産	25	24	長期借入金	9	8
要償却資産	15	14	負債合計	17	15
土地	10	10	株主資本	15	16
			純資産合計	15	16
資産合計	32	31	負債・純資産合計	32	31

［事業性評価の視点］

Q1 美容院の業種特性を踏まえた融資の判断をするうえでの視点を3つあげてください。

A

・設備は老朽化していないか

・衛生的な店舗か

・固定客を確保できているか

・後継者はいるか

・店舗競合の状況はどうか

・商圏の将来人口推移はどうか

（以上の中から３つ）

Q2 設備の老朽化を決算書から判断するには、何を検証したらよい
でしょうか。

A 貸借対照表の有形固定資産における設備の額と、損益計算書の
減価償却費に着目し検証する。

Q3 資金使途の妥当性、設備の申し出の金額等の妥当性を検証する
には、どんな資料を取り受けたらよいでしょうか。

A 美容設備のカタログ、パンフレットや見積書を取り受ける。

Q4 本件の融資期間はどのように設定したらよいでしょうか。

A 法定耐用年数である５年以内が理想的であるが、経済耐用年数
を考慮しても問題ない。

Q5 返済財源の検討をしてください。

A

・キャッシュフロー２百万円を安定的に計上している。
・過去の融資も確実に返済となっており問題ない。

Q6 以上のことを踏まえたうえで、融資の可否判断をしてください。

A 　　　　　　　　結論　⃝可 ・ 否

Q7 その融資可否判断の根拠を箇条書きで記載してください。

A

・少額ではあるが安定的なキャッシュフローを計上している。

・成長は見込めないものの、今後も安定した経営が見込まれる。

・本件投資を行えば、当面の間新たな設備投資も必要なく、過去実績等
　も勘案すれば返済に問題はない。

**卸売業：短期継続融資を実施中の、
破綻懸念先に近い要管理先**

　当社は、建材卸を業とする短期継続融資を実施中の、破綻懸念先に近い要管理先である。融資シェアは40％の並行メイン先であるが、融資取引が後発であったため、当行が融資している短期借入金（短期継続融資）700百万円は、一般担保なしのⅡ分類という状況である。当社は、当社単体では正常先の財務内容であるが、関連企業が3社あり、それらを合算すると要管理先となってしまう。またそのうち関連2社は、実質営業を行っておらず、グループ全体の実態修正をすると220百万円の債務超過となり、破綻懸念先に近い要管理先にランクされる。

当社の連結バランスシート　　　　　　　　　　　　　　　（単位：百万円）

	当社	関連A社	関連B社	関連C社	単純合算	相殺・不良資産	修正後連結
現預金	200	10	10	10	230		230
受取手形	150	0	0	10	160		160
売掛金	1,200	0	0	15	1,215	715	500
棚卸資産	400	0	0	10	410	130	280
その他流動資産	10	0	0	0	10		10
流動資産合計	1,960	10	10	45	2,025	845	1,180
建物・構築物	200	0	0	0	200		200
土地	800	100	0	0	900	400	500
その他固定資産	400	0	0	350	750	350	400
固定資産合計	1,400	100	0	350	1,850	750	1,100
資産合計	3,360	110	10	395	3,875	(1,595)	2,280

支払手形	150	0	0	0	150		150
買掛金	350	200	200	500	1,250	800	450
短期借入金	700	0	0	0	700		700
その他流動負債	200	0	0	0	200		200
流動負債合計	1,400	200	200	500	2,300	800	1,500
長期借入金	950	0	0	10	960		960
固定負債合計	950	0	0	10	960		960
負債合計	2,350	200	200	510	3,260	800	2,460
資本金	10	10	10	10	40		40
その他剰余金	1,000	▲ 100	▲ 200	▲ 125	575	795	▲ 220
純資産合計	1,010	▲ 90	▲ 190	▲ 115	615	795	▲ 180
負債・資本合計	3,360	110	10	395	3,875	(1,595)	2,280

Q1. 短期継続融資とは、正常運転資金に対して対応するもので、基本的に無担保、無保証の短期融資で債務者の資金ニーズに応需し、書替え時には、債務者の業況や実態を適切に把握してその継続の是非を判断して継続する融資である。したがって金融機関が目利き力を発揮するための融資手法である。短期継続融資を行う前提である当社単体の正常運転資金を算出して、短期継続融資として妥当であるか判定しなさい。

A.

・正常運転資金は一般的に、卸・小売業・製造業の場合、「売掛債権＋棚卸資産－仕入債務」で算出される。またそれは業種や事業によりさ

まざまであり、ある一点のバランスシートの状況でなく、期中に発生した資金需要等のフロー面や事業の状況を考慮することも重要であるといわれている。

・当社単体の貸借対照表から、正常運転資金を算出すると、（受取手形150百万円＋売掛金1,200百万円＋棚卸資産400百万円）－（支払手形150百万円＋買掛金350百万円）＝1,250百万円となる。それに対応する当社の短期借入金は、700百万円であり、正常運転資金の範囲内に収まっており、短期継続融資での対応としても一見妥当性があると判断できる。

Q2 グループ企業があるときは、それを一体として見て、関連会社間の取引を相殺する必要がある。また正常運転資金を算出するにあたっては、決算書の数字で表面的に弾くのではなく、回収不能の不良資産がある場合は、回収可能額に修正、時価のある資産は、時価ベースに修正する。当社の関連会社間の相殺及び不良資産を考慮した修正後連結決算で正常運転資金を計算し、妥当であるか判定しなさい。

A

・修正後連結決算で正常運転資金を算出すると（受取手形160百万円＋売掛金500百万円＋棚卸資産280百万円）－（支払手形150百万円＋買掛金450百万円）＝340百万円となる。それに対応する当社の短期借入金は、700百万円であり、正常運転資金の範囲を超えている実態が浮かび上がってくる。

・しかしその実態を反映して、ここで短期継続融資の継続を拒否したら、当社は確実に破綻の方向に向かう。経済社会が活性化するためには、企業の新陳代謝が必要という考え方の元に作られ廃止された金融検査マニュアルが今も存在するのであれば、そうした対応も可である

かもしれない。しかしマニュアルが廃止になった今は、当行庫には債務者区分に縛られない独自の企業評価、事業性評価が求められることになる。したがって業況が芳しくない取引先であっても、適切な事業性評価をすることで、短期継続融資を継続するという対応もあながち間違いではないかもしれない。

Q3 当社に対して短期継続融資を継続するという立場で、当行に求められる考え方を整理しなさい。

A

・当社に対して、実質的な正常運転資金の範囲を超えても、短期継続融資で支援を続ける考え方は、金融庁が短期継続融資を許容した際の趣旨にある。

・「正常運転資金は、業種や事業により様々であり、また、ある一点のバランスシートの状況でなく、期中に発生した資金需要等のフロー面や事業の状況を考慮することも重要である。」とある。

・したがって、当社から提出を受けた直近の試算表や、今期の業績予想、資金繰り表、受注状況を示す注文書などを確認・検証し、製造現場や倉庫の状況を調査し、製造ラインや原材料・製品在庫の管理に問題がないこと、本件に関しては取引先単体では正常先に近い財務内容を有しており、その単体の利益の今後の蓄積によりグループ全体の債務超過も長期を要するものの改善の見込みがあることが検証できれば、短期継続融資の継続に応じても問題ないと考える。

・決算書の数字はあくまでも過去の一時点の数字であり、実態修正で一時的に短期継続融資での妥当性に疑問が残ったとしても、債務者の直近の状況をよく把握し、事業性を評価し、それに基づく今後の見通しがあれば、短期継続融資の継続を許容してもいいのではないだろうか。

Q4 当社に対する短期継続融資を継続するにあたって、それを補完する融資手法は何かを考えなさい。

A

・当社の財務諸表には、グループ会社を含めて簿価上で410百万円の棚卸資産（在庫）が計上されている。それを利用して事業性を評価するために、ABLの設定を提案したい。

・ABLとは、Asset（企業の保有する資産）、Based（を基にした）、Lending（融資／ファイナンス）の略で、企業の事業価値を構成する在庫（原材料、商品）や機械設備、売掛金等の資産を担保とする融資（経済産業省の定義）である。なぜABLを提案するかであるが、在庫を担保に取ることにより、その継続的なモニタリングを通して、企業とのコミュニケーションが密になり、企業の実態把握すなわち事業性評価をより正確に行うことができるようになるからである。

●ABLモニタリングと事業性評価

ABL融資の最重要点は、モニタリングの実施である。基本的には3ヶ月から6ヶ月のサイクルで行う。このモニタリングを継続することにより、取引先企業の在庫の状況、商品生産状況、動産の稼働状況などを確実に把握することができる。企業活動そのものである「在庫」⇒「売掛債権」⇒「現預金」の循環を把握することができるのである。

すなわち当社は、建材商品を仕入れ、卸売業者として販売を行う。建材商品は、販売までの間、「在庫」として保管される。在庫は、販売されると、代金が決済されるまでの間、「売掛債権」となる。代金が入金されれば、売掛債権が現預金へと変わる。取引先企業は取得した現預金を使って、新たに建材商品を仕入れ、これが再び「在庫」になる。

こうした循環過程における在庫を担保に取りモニタリングをすること

により、在庫がどこにどのように販売されていくのか、売れ筋商品は何か、取引先企業は販売先の需要動向をしっかりと捉えているかなど取引先の営業活動の流れが把握できる。これは事業性評価融資そのものであるといえる。

●ABLの担保設定

ABLは担保設定もできる。すでに平成17年10月には動産譲渡登記制度が整備されており、その登記においては、将来発生する売掛債権を一括して担保として取得でき、集合動産（例えば、当社の倉庫にある建材商品）についても、一括して担保に取ることができる。登記費用も登録免許税7,500円プラス司法書士手数料5～6万円とそれほど高額でなく、事業性を評価する融資形態として活用すべきである。

●ABLの問題点

ABL融資には問題点もある。最大の問題点は、いざとなった時の担保処分が困難なことである。在庫は、取引先企業が通常の商取引をしている間は高い資産性が維持されるが、信用不安の状況や倒産の際には、その価値が大きく毀損する。すなわち在庫を実際に処分する際には、担保価値がほとんどなかったといった状況になる可能性がある。したがってABLに関しては、あくまでも取引先企業の在庫を担保に取ることで、事業性を評価し、そのモニタリングを通じて企業価値を担保するという感覚を持たなければうまくいかない。

●ABLと金融検査マニュアルとの関係

ABL融資は、担保資産の管理等を通じて、債務者の経営実態を金融機関が把握できる特質があることを踏まえ、仮に中小企業が経営改善計画を策定していない場合であっても、金融機関がABLにより、当該企業

の実態を把握したうえで、経営改善に関する資料を作成している場合には、金融検査マニュアル〔中小企業融資編〕の考え方に照らして、これを「実現可能性の高い抜本的な計画」とみなして、「貸出条件緩和債権」には該当しないとすることになっている。その意味からも今後の自己査定において、ABLの活用が債務者区分を決定するうえでの大きな拠り所になるだろう。

演習 3-2 小売業：食品スーパー

┌─────────────────────────┐
│ 事例 3-2　E社 │
├─────────────────────────┤
│ 《企業概要》 │
│ 設立　　　　1955年 │
│ 主力商品　　生鮮食品 │
│ 資本金　　　10百万円 │
│ 年商　　　　20億円 │
│ 従業員　　　35名 │
│ 取引銀行　　信金メイン、地銀サブ │
└─────────────────────────┘

　E社は、店舗が3店舗あり、地域の認知度が高い地域密着型のスーパーマーケットである。自社所有の本社兼店舗は、メインの信金が担保を取っており、担保余力はない。全体的な業況としては、全国展開の大手スーパーマーケットが進出してきた15年前に一度大きく売上高が減少したが、最近は安定している。しかし野菜を取り扱うドラックストアの進出により、前期は前々期より減収となったが、利益はなんとか確保できている。

　当行は、サブとしてお付き合いしてきたが、今回E社よりドラックストアに対抗するために、エブリタイムロープライス型の新規出店を検討しており、長期の設備資金80百万円の打診があり、その感触だけでも早急に回答が欲しいとのことであった。

　この申し出にあたって担当者として、申し出の背景、以下の財務内容等を勘案して、どう回答するのか、質問に答えながら判断しなさい。

【E社の決算内容】

損益計算書

（単位：百万円）

	前々期	前期
売上高	1,980	1,970
売上原価	1,450	1,440
売上総利益	530	530
販管費	470	450
営業利益	60	80
営業外損益	▲ 50	▲ 55
経常利益	10	25
特別損益	0	▲ 10
税引前当期利益	10	15
法人税等	0	0
当期純利益	10	15
（減価償却費）	30	10

貸借対照表

（単位：百万円）

科目	前々期	前期	科目	前々期	前期
流動資産	195	185	流動負債	400	290
現預金	30	30	買掛金	120	110
売掛金	5	5	短期借入金	250	150
棚卸資産	130	120	その他	30	30
その他	30	30	固定負債	1,045	1,155
固定資産	1,320	1,330	長期借入金	900	1,000
要償却資産	550	560	預り保証金	100	100
土地	450	450	その他	45	55
保証金	230	250	負債合計	1,445	1,445
その他固定資産	90	70	株主資本	70	70
			純資産合計	70	70
資産合計	1,515	1,515	負債・純資産合計	1,515	1,515

［経営指標］

	前々期	前期	業界平均
流動比率	49%	64%	119%
固定比率	1,886%	1,900%	204%
固定長期適合率	76%	72%	88%
棚卸資産回転期間（日）	日	日	11日
自己資本比率	5%	5%	28%
売上総利益率	27%	27%	29%
売上高営業利益率	3%	4%	1%
売上高経常利益率	1%	1%	1%

［事業性評価の視点］

Q1 食品スーパーの業種特性を踏まえた事業性評価の視点を３つあげなさい。

A

・スーパーなどの小売業は事業規模の拡大が収益率の向上に必ずしもつながらないという面があり、営業効率を踏まえない売上の追求や営業エリアの拡大よりも、各店舗の採算管理が重要である場合が多い。

・店舗の収益管理や不採算店舗の分析（店舗別の業績推移を調べ、不採算店舗はないか、あればどのような原因で不採算に陥っているのか、それを改善するにはどうしたらよいのかを融資の現場で経営者と議論できるかが重要。また採算の取れている店舗の特徴を調査し、それを他の店舗にも応用していくなどの前向きな視点も必要）

・新規出店の投資採算性の検証

［財務の視点］

Q2 当社の前々期と前期の棚卸資産回転期間を算出しコメントしなさい。

A

	前々期	前期	業界平均
棚卸資産回転期間（日）	24日	22日	11日

算出式　棚卸資産 ÷ 日平均売上高

前々期　130 ÷ 5.4 ＝ 24日
前期　　120 ÷ 5.4 ＝ 22日

[コメント]

・棚卸資産回転期間が業界平均と比べると2倍以上になっている。

・滞留在庫など評価減する在庫がないか確認する必要がある。

・架空在庫が存在する懸念がある。

Q3 当社の前々期と前期を比べ、損益計算書で気づいたことを述べなさい。

A

・前々期と比べ前期は営業利益が改善しており、一見業況は上向いているように見られるが、その要因は販管費が減少している点にある。

・減価償却費が20百万円減少していることが不自然で、償却不足が存在する可能性がある。

・このことから、減価償却費で利益を調整している可能性が高い。

Q4 ヒアリングによると当社の貸借対照表における土地は、バブル期に取得したものである。自己査定上は、バブル期に取得した土地であっても、事業に供している土地の場合は簿価評価で算出しても問題がない。しかし融資判断においては、どのように考えるべきかあなたの考えを述べなさい。

A

・金融機関にとって、最終的な回収可能性を考えることも重要である。自己査定上の実態バランスでは事業に供している固定資産の含み損益は考慮していないが、融資判断に迷う場合は、本当の財務バランスを知る必要がある。したがって清算バランスの視点で企業を見ることも融資判断では必要となる。

168

・バブル期に取得した土地ということは、相当現在価値が下がっている可能性があり、当社の清算バランスは債務超過になっている可能性が高い。

Q5 当社の前々期と前期のEBITADA有利子負債倍率と債務償還年数を算出しコメントしなさい。

A

・EBITDA有利子負債倍率（＝（借入金・社債－現預金）÷（営業利益＋減価償却費））

前々期（1,150 － 30）÷（60 ＋ 30）＝ 12.4

前期（1,150 － 30）　　÷（80 ＋ 10）＝ 12.4

・債務償還年数

前々期（借入金1,150 － 正常運転資金135 － 120）÷（10 ＋ 30）＝ 28.4

前期　（借入金1,150 － 正常運転資金125 － 110）÷（15 ＋ 10）＝ 45.4

[コメント]
・通常であれば、EBITADA有利子負債倍率と債務償還年数は近似値が出るが、E社は大きな差が出ている。
・融資判断では、保守的に両比率の悪い方で見るべきであり、債務償還年数の悪化が顕著である。
・当社の水準から考えると、これ以上の借入金は難しい。

［融資判断］

Q6 本件の融資申し出を正式に検討するときに確認すべきことはなんですか。

A

・事業計画の資料
・店舗別ごとの収益管理表
・各勘定科目の内容確認
・経営指標の分析
・清算バランスの作成
・在庫の確認

Q7 以上のことを踏まえたうえで、融資の可否判断をしなさい。

A

結論　可・㊞

Q8 その融資可否判断の根拠を箇条書きで記載してください。

A

・債務償還年数が長いことから、返済能力が不足している。
・一見利益が回復しているように見えるが、減価償却で調整している可能性がある。
・バブル期に購入した土地を時価に引き直すと、債務超過は確実である。

演習 3-3 総合衣料品店：本業支援を実施中の、要管理先に近い破綻懸念先

　当社は、紳士服、婦人服など総合衣料品店を15店舗展開している企業である。その売上に陰りがみえていた状況が長く続いたが、本業支援を実施したことにより、業績がやや上向きかけている。

　債務者区分は、破綻懸念先であるが、要管理先への格上げも視野に入ってきた。融資シェアは70%のメイン先である。破綻懸念先であるので、保証協会付融資についてはⅠ分類、不動産担保における回収可能見込額についてはⅡ分類、それ以外の部分はⅢ分類で、裸与信部分には70パーセント相当の引当を実施している。

　当社は、創業60期を迎える地方中核都市の老舗である。衣料品関係は高度成長とともに大きく市場規模が成長したが、バブル期頃から減少を続け、近年は横ばいを辿っている状況にある。

　バブル期以降の市場減少期に業況が悪化した企業が多く、当社も長年売上・利益の減少に苦しんできた。その背景には、衣料品市場の需要と供給のバランスが崩れたことや、郊外型の大手ショッピングセンターの台頭、カタログ通販販売やネットでの販売が競合となるなど、リアル店舗での衣料品販売は、その市場全体の落ち込み以上に減少してきた感がある。

　しかしここ数年は、ファストファッションと呼ばれる流行の衣料品を高品質・低価格で販売する業態に牽引され、ようやく長い低迷期を脱しつつあるといえる。当社は、当行の本業支援における外部専門家からの多くのアドバイスを受け、それを実践したことで業績が上向き、破綻懸念先を脱するところまできている。

［当社の財務諸表］

損益計算書

（単位：百万円）

	前々期	前期
売上高	1,450	1,500
売上原価	700	720
売上総利益	750	780
販売管理費	700	720
営業利益	50	60
営業外損益	▲20	▲20
経常利益	30	40
特別利益	0	0
税引前当期利益	30	40
法人税等	12	16
当期純利益	18	24
（減価償却費）	5	5

貸借対照表

（単位：百万円）

科目	前々期	前期	科目	前々期	前期
流動資産	540	575	流動負債	447	481
現金及び預金	80	85	支払手形	100	110
受取手形	0	0	買掛金	100	110
売掛金	180	190	短期借入金	230	240
棚卸資産	250	270	未払法人税等	12	16
その他	30	30	その他	5	5
固定資産	120	115	固定負債	267	229
有形固定資産	60	55	長期借入金	267	229
無形固定資産	5	5	負債合計	714	710
差入保証金	50	50	純資産	▲54	▲20
投資その他の資産	5	5	株主資本	▲54	▲20
資産合計	660	690	負債・純資産合計	660	690

Q1 当社に対する、今、当行が求められる対応、当社に提案する本業支援は何だと思いますか。自由に述べなさい。

A

・当社に提案するのは、本業支援の継続と経営改善計画の再策定である。

・まず本業支援とは何かであるが、金融仲介機能のベンチマークでは、本業支援とは企業の売上向上や製品開発等、企業価値向上に資する支援のこととしている。

・営業店では本業支援を行職員自らが行うことはなかなか難しいので、外部専門家を活用することになる。活用する外部専門家若しくは支援機関は、よろず支援拠点、〇-Biz などの売上向上相談拠点、ミラサポプラス、認定支援機関の経営改善支援、商工会・商工会議所の相談員、中小企業基盤整備機構の各種支援策、各種士業（弁護士、公認会計士、税理士、司法書士、行政書士、中小企業診断士、社会保険労務士など）、民間コンサルティング会社、プロフェッショナル人材拠点などがある。

・本業支援を行う外部機関はこのように複数あり、営業店としてはどれを選べばよいか迷ってしまう。本業支援外部機関には、それぞれの本業支援対応における強み、弱みがあるので、外部機関に何を期待するのかを十分考え、それにふさわしい能力を持った外部機関を慎重に選ぶことが必要である。

・本件のケースにおいて外部機関に期待することは、当社の課題を抽出してもらい、それに対して具体的な施策を提案してもらうことであるので、中小企業診断士を含むコンサルティング業者が適当だと判断できる。それとよろず支援拠点、〇-Biz などの売上向上相談拠点、ミラサポとの併用がベストだと考えられる。

・また外部専門家の選定にあたって注意することは、支援先のニーズと

営業店のニーズとの両方を満たすこと、専門分野がマッチしている専門家（人）を選ぶことである。

・営業店が外部専門家を紹介する際には、取引先の事業内容や業界に対する理解を十分したうえで行わないとミスマッチが発生する。営業店の担当者は事前にできるだけ経営者との面談時間を長く取り、まずは経営者の話を丁寧に聞くことが重要である。そしてどんな本業支援をしたら良いかを事前に整理し、外部機関に何をしてもらいたいかをしっかりと決めておき、それを外部専門家に十分に説明する必要がある。営業店担当者、支援先経営者、顧問税理士の三位一体にプラスして外部専門家を活用して経営改善をするのが理想的である。

[コメント]

●具体的な本業支援の内容

では本件のケースでは、具体的にどのような本業支援が受けられるのだろうか。

当社が破綻懸念先になってしまった原因は、過去の業績好調だった時の売行きのまま仕入れを行い、それが過剰仕入れとなり、計画通りの販売ができず在庫として残り、不良在庫が増え、ひいては季節資金の借入金が返済できず毎年累積し、財務内容が悪化したことにある。

外部専門家は、当社が窮境に陥った原因を把握し、次にSWOT分析等のツールを使い外部環境・内部環境を整理し、当社の強み・弱みを把握し、それに対応する戦略を策定する。戦略の内容は、不採算店舗の撤退、店舗別採算管理、売上至上主義の見直し、過大な本部コストの見直し、在庫削減、過剰仕入れを避けるべく仕入計画の策定と管理、売上アップのための魅力的な店舗づくり、販売促進のためのツールづくり、従業員の接客技術向上などであり、その戦略・戦術を短期的なもの中長期的なものに分けて、確実に実行していく。本業支援は、手を抜いた

り、改善途中でやめたりしてはいけない。とにかく継続し続けることが
ポイントである。

Q2 コロナ禍の経営改善計画の再策定において注意する点は何だと
考えますか。

A もしも本件において、経営改善計画を再策定し、それで実抜計
画を策定できるのであれば、破綻懸念先から一気にその他要注意先・正
常先まで格上げをすることが可能となる。そうすれば積極的な新規融資
で当社を支援することができる。特に衣料品販売業は、商品に季節性が
あることから、主に春夏物、秋冬物の仕入資金が必要となる。季節資金
が発生する業種なので、そこをしっかり手当てしてあげないと企業の成
長はありえない。債務者区分に縛られて中途半端な支援をするようで
は、取引先企業の発展はありえない。

●実抜計画の3要件の緩和

　経営改善計画を外部専門家の力を借りて、営業店と取引先が一緒に策
定するにあたって注意をしなければならないことは、経営改善計画の実
抜計画と認められる要件を厳格に適用しないことである。

　実抜計画の要件とは、策定した経営改善計画の最終年度（計画期間3
年）までに、①経常利益が黒字になること、②債務超過を実質的に解消
すること、③債務償還年数が10年以内であること、である。

　この経営改善計画については、コロナ禍においては、ある程度のバッ
ファーを持たせた運用が求められている。具体的には、経営改善の計画
期間は3年までといわず5年、もしくは10年まで許容するとか、債務
償還年数については、業種による特性を加味して緩やかに延長するほ
か、一律10年を15年から20年まで許容するといったことである。こう

【F社の決算内容】

損益計算書

（単位：百万円）

	前々期	前期
売上高	3,200	2,800
売上原価	2,100	1,800
売上総利益	1,100	1,000
販管費	900	800
営業利益	200	200
営業外損益	▲20	▲30
経常利益	180	170
特別損益	0	▲180
税引前当期利益	180	▲10
法人税等	70	65
当期純利益	110	▲75
（減価償却費）	20	20

貸借対照表

（単位：百万円）

科目	前々期	前期	科目	前々期	前期
流動資産	1,700	1,700	流動負債	830	950
現預金	600	400	支払手形	30	40
売掛金	100	80	買掛金	40	50
販売用不動産	350	300	短期借入金	700	770
不動産事業支出金	500	750	その他	60	90
その他	150	170	固定負債	860	785
固定資産	510	480	長期借入金	860	785
要償却資産	200	180	負債合計	1,690	1,735
土地	220	220	株主資本	520	445
投資その他資産	90	80	純資産合計	520	445
資産合計	2,210	2,180	負債・純資産合計	2,210	2,180

［経営指標］

	前々期	前期	業界平均
流動比率	205%	179%	156%
固定比率	98%	108%	196%
固定長期適合率	37%	39%	64%
棚卸資産回転期間（日）	97日	137日	152日
自己資本比率	24%	20%	20%
売上総利益率	34%	36%	26%
売上高営業利益率	6%	7%	6%
売上高経常利益率	6%	6%	5%

［事業性評価の視点］

Q1 当社は好立地の土地情報を入手し、新規開発プロジェクトのための融資を受けたいとの相談ですが、その検討のポイントを述べなさい。

A 不動産開発プロジェクトにおける新規融資の検討に際しては、開発プロジェクトにおける物件の代金が返済原資となるため、財務情報に基づく企業信用力調査に加え、開発プロジェクトの収益性、実現可能性が重要となる。

また過去における事業の収益性や賃貸物件の含み益・損についても調査する必要がある。

［財務の視点］

Q2 当社の前々期と前期の貸借対照表について、感じるところを述べなさい。

A

・借入金が高い水準で推移している。

・自己資本比率が業界平均と比較して高い。

・販売用不動産や不動産事業支出金については、長期間販売されず時価が著しく下落している物件や開発が滞っている物件がないか調査する必要がある。

・不動産事業支出金が増えていることから、今期は売上高が戻ることが想定される。

Q3 当社の財務諸表及び経営指標から、収益性についてコメントしてさい。

A 前期の売上高は減少しているものの、

売上総利益率	34%	36%	26%
売上高営業利益率	6%	7%	6%
売上高経常利益率	6%	6%	5%

利益率に関しては、業界平均と比べて遜色ない水準にあり、収益性に問題は認められないと判断できる。

[融資判断]

Q4 本件の融資申し出を正式に検討するときに確認すべきことはなんですか。

A

・収益性と実現可能性
・販売価格や工事原価の見積もりの妥当性の検証
・一定以上の利益を確保できる事業計画であるか
・収益物件の保有状況（事業計画が下方にぶれた場合の他の返済原資をみるため）

Q5 以上のことを踏まえたうえで、融資の可否判断をしなさい。

A 　　　　　　　　　結論　可・否

Q6 その融資可否判断の根拠を箇条書きで記載しなさい。

A

・過去の経営状況から本プロジェクトの実現可能性が高い。

・一定の収益性を確保できる企業体質にあると判断できる。

事例 4-2　G 社

《企業概要》

設立　　　　1975年
主力事業　　アパート・マンション経営
資本金　　　50百万円
年商　　　　約２億円
従業員　　　5名
取引銀行　　地銀、信金

G社は、現社長が地域の地主であったことを活用し、アパート３棟・マンション２棟を建設し、賃貸を目的として設立した会社である。借入金返済はアパート、マンション各１棟については終了している。当社のアパート・マンションの立地は比較的いいが、建物の老朽化と若い賃借人の居住ニーズを掴めてなく、賃貸収入は減少傾向にある。

当社の社長からは、「住民のニーズにあった大規模修繕（バリアフリー、耐震補強、改装など）を行いたく、１億円の融資をお願いできないか」との相談を受けた。

社長からのヒアリングで、前期の入居率は約80〜85%であること、管理費は管理会社を代えたことで大幅な経費削減ができたこと、投資その他資産の処分により特別損失が発生したこと、長期借入金を50百万円返済したこと、保有資産は時価15億円はあることをあなたは確認した。

この申し出にあたって担当者として、申し出の背景、以下の財務内容等を勘案して、どう回答するのか、質問に答えながら判断しなさい。

【G社の決算内容】

損益計算書

（単位：百万円）

	前々期	前期
賃貸収入	240	220
礼金収入	20	18
収入合計	260	238
管理費	40	28
租税公課	30	30
その他経費	100	100
経費合計	170	158
営業利益	90	80
営業外損益	▲15	▲15
経常利益	75	65
特別損益	0	▲60
税引前当期利益	75	5
法人税等	30	2
当期純利益	45	3
（減価償却費）	40	35

貸借対照表

（単位：百万円）

科目	前々期	前期	科目	前々期	前期
流動資産	140	145	流動負債	265	225
現預金	90	90	未払費用	140	135
未収入金	20	25	未払法人税等	20	0
前払費用	5	5	短期借入金	50	50
その他	25	25	前受金	15	15
固定資産	1,040	950	その他	40	25
要償却資産	540	500	固定負債	390	335
土地	450	450	預り敷金	40	35
投資その他資産	50	0	長期借入金	350	300
			負債合計	655	560
			株主資本	525	535
			純資産合計	525	535
資産合計	1,180	1,095	負債・純資産合計	1,180	1,095

［経営指標］

	前々期	前期	業界平均
流動比率	53%	64%	164%
固定比率	198%	177%	162%
固定長期適合率	114%	109%	89%
自己資本比率	44%	49%	47%
売上高営業利益率	35%	34%	15%
売上高経常利益率	29%	27%	15%

［事業性評価の視点］

Q1 不動産賃貸事業の特徴を考え、融資を検討する際のポイントを述べなさい。

A

・不動産賃貸業は、初期投資額が大きいので、借入金の負担が大きい業界である。

・損益計算書の主要項目が少ないため、損益の予測が可能である。

・費用は減価償却費と借入金支払利息の占める割合が大きく、建設当初は期間損益が赤字になることが多い。

・注意する費用として、管理費、減価償却費、租税公課（固定資産税・登録免許税・不動産取得税など）が挙げられる。

・不動産賃貸業の融資は、担保価値及び借入金償還年数が重要である。

［財務の視点］

Q2 当社の前期と1億円融資後の借入金償還年数を経常キャッシュフロー（経常利益×（1−実効税率40％）＋減価償却費）をもとに算出し、コメントしなさい。

A

前期の経常キャッシュフロー＝74百万円

$$350 \div 74 = 4.7 \text{年}$$

1億円融資後　　　$450 \div 74 = 6.1$年

融資実行後も6.1年であり、償還には問題なく、融資は可能である。

Q3 当社の財務諸表（特に賃料収入、預り敷金など前々期と前期を比べる）から、現在の業況を推測しなさい。

A

・入居数、入居率が減少している。空室増加は老朽化と居住ニーズのミスマッチにあると推測できる。
・前々期と比べ前期は営業利益が改善しており、一見業況は上向いているように見られるが、その要因は販管費が減少している点にある。

Q4 以上のことを踏まえたうえで、融資の可否判断をしなさい。

A
　　　　　　　　　　　結論　㋐・否

Q5 その融資可否判断の根拠を箇条書きで記載してください。

A

・借入金償還年数が短く、返済能力に問題がない。
・本件融資により、再び居住率のアップ・収入増が見込まれ、一方費用の増加要因は大きくないため、償還財源に問題はない。
・減価償却不足も見られず、不動産の担保価値も十分見込まれ、融資は可能である。

Q6 もし建替融資を依頼されたとしたら、どんなリスクがありますか。

A

・投資額が大きくなり、慎重に事業計画を見る必要がある。
・建替中は賃貸収入がなくなる。

演習 4-3 不動産業への本業支援

> 《企業概要》
> 会社名　H不動産
> 設立　　　1989年
> 資本金　　30百万円
> 従業員数　25人
> 年商　　　3,000百万円
> 事業内容　不動産売買及び不動産賃貸

H不動産は、地方の中堅総合不動産業である。不動産売買、不動産仲介、自社物件賃貸を中心に業績をあげている。それぞれの部門にそれぞれの事業性があり、社長がそれ全部を見るのは大変なこともあり、それぞれの部門長に経営を任せている。

当社の強みは、収益が特定の部門に偏っているのではなく、各部門が競い合って業績をあげているところである。こうした不動産業にはさまざまな事業性評価が混在しているため、大きな不動産業の流れを掴み、時流に合わせた細かなポイントを数多く知っていることが、事業性評価をうまく行うことにつながる。

【業種市場性】

総合不動産業の業種市場性の細かなポイントをまとめてみる。

大きな不動産業の流れは、以下のとおりである。

・新設住宅着工戸数は、長期的には人口減少などを要因として減少傾向にある。

・業界の長期的な市況（サブプライムローン問題・リーマンショック・東日本大震災・消費税引上げ・コロナ禍など）を理解する。

・地価動向は景気に左右されるとともに、住宅・商業、都市部・地方など二極化傾向がある。
・賃貸需給動向も長期的な市況と景気に左右される。
・不動産仲介業は特に景気に左右され、景気後退時には経費をまかなうことができず赤字に陥る可能性がある。
・宅地建物取引業者数、就業者数は増加傾向にある。
・住宅に対する消費者ニーズが多様化しており、価格・立地だけでなく、環境・品質に対するこだわりも増加している。

　また時流の確認をすることが大切で、以下の通りとなる。
・コロナを経験した企業や個人のニーズの変化に対応する必要がある。
・テレワークはある程度浸透するが、住宅はテレワークに向いてない。テレワークの生産性が低い。
・ポストコロナはオフィス回帰となる可能性が高い。
・今後住宅は、立地の重要性が高まる。
・デベロッパー戸建業者は購入者のニーズの変化に対応する必要がある。
・マイナス金利政策の影響がいつまで続くかを見極める必要がある。
・賃貸業に関しては、地域的特徴が顕著である。
・持ち家優位の意識が変化し始めている。
・生活スタイルや価値観が変化、より豊かな生活志向になっている。
・郊外型の住宅・アパートは長期的な需要低下の問題を抱えており、賃料水準の大幅低下、空室率の上昇といったマイナス面が多くなる。

【事業性評価とポイント】

　総合不動産業の事業性評価のポイントは、財務の視点と経営の視点に分けて見るのがポイントである。
　財務の視点は、以下のとおりである。

- 不動産賃貸部門の費用では、管理費、減価償却費に着目する。
- 特に減価償却費においては、不動産賃貸部門では減価償却費の割合が高く赤字回避のため減価償却費を調整することがあるのでしっかりと見る。
- 中小零細の不動産仲介業者は借入依存度が高いため自己資本比率が低い。
- 不動産業の主な費用は、用地仕入原価・建物建築原価・広告宣伝費であり、収益を上げるためにはコスト削減が不可欠である。
- 不動産については瑕疵担保責任がつきものであり、偶発債務が発生する可能性がある。
- 多額の借入金と固定資産がバランスシートに計上されるので、その対比を確認することが重要となる。
- 預り敷金・保証金・前受賃料などが負債に計上される。
- 不動産業は土地の仕入れ、企画開発、販売回収にわたる期間が長く負債が増加するため自己資本比率は低くなる（業界平均比率は20％が目安）。

　次に、経営の視点は、以下のとおりである。
- 業務内容（不動産売買、仲介、自社物件賃貸など）の売上・利益の比率を見る。
- 不動産業は、分譲・仲介・賃貸・管理など複数の業務に分かれることから部門別の売上・利益をしっかりと把握することが重要である。
- 業務内容の強みや、特に他社と比べて特徴となる点を把握する。
- 長期のプロジェクトの収支計画を把握する。
- 短期のプロジェクトの原価管理を徹底する。
- 業績が悪化傾向にある場合は、その要因を把握し、改善策を早めに対応する。

・住宅の多様化に対応できているかを見る。
・不動産賃貸業においては、コスト削減が困難な業態であり、入居率のアップ、適正な家賃設定がポイントとなる。
・築年数が大きく経過した物件の老朽化に対応するためには、外装・内装のリニューアルと定期的なメンテナンスが必要となる。
・情報収集力、不動産仕入力、商品企画力、販売力を見る。
・不動産仲介業は、商品・サービスの差別化が難しい。

【事業性評価時の注意点】

不動産業においては、不動産が最重要の経営資源である。したがって所有している不動産の状況を把握するのが最重要ポイントである。

所有不動産の明細一覧表から、例えば販売用不動産であれば、長期間販売されない物件はないか、時価が著しく下がっている物件はないか、開発がされていない物件はないかをチェックすることが必要である。

所有不動産の明細一覧表には、取得時期、取得価格、現在の時価、含み損益、担保設定状況、担保余力を記載して管理するとよい。

総合不動産業の事業性評価の注意点をまとめると、以下の通りである。
・主要取扱商品（戸建・マンション・アパートなど）の変化を見る。
・購入者のニーズの変化に対応できているかを確認する。
・在庫の販売状況と改善に向けた施策をチェックする。
・テナントとのコミュニケーションができているかを確認する。
・棚卸資産に長期にわたって寝ている物件はないかを調査する。
・サブリース（一括借上げ）契約内容を精査する。
・サブリースを行っている場合には、市況が悪化しても支払家賃が固定されているので、入居率・家賃水準の下落により、採算が悪化若しくは取れなくなる。

Q1 当社に対して事業性評価を行った後の本業支援の方法をいくつか考え、その内容を説明してください。

A 総合不動産業に対し、事業性評価を行った後の本業支援の方法についていくつか述べる。

⑴ 住宅用地仕入れ支援

当社に対して金融機関としてできることの第一は、不動産の情報提供、分譲用地の物件紹介、自行庫が持つ不良債権の担保物件任意売却などを通じて住宅用地の仕入れを支援することである。

⑵ 新たな分野への進出支援

分譲業務が主力業務になっている不動産会社に対しては、不動産賃貸・管理事業、リフォーム事業への進出を促すことによって、利益の安定・平準化につながる支援を行う。

⑶ 経営改善・収益向上支援

不動産賃貸事業に対しては、不動産市場やニーズを正確に把握する支援をしつつ、近隣と比べて家賃設定は適切か、入居率のアップ・空室期間の短期化を図るにはどうしたらよいかなどの支援を考える。

またプロジェクトが進行している事業に対しては、その過程においてリードタイムの短縮、原価管理の徹底、販促活動支援などを効果的に行う。

⑷ 新しいニーズへの対応支援

住宅業界では、ペット同居、防犯対策、耐震補強など新しいニーズが出ている。それらのニーズに対するアンテナを高くし、近隣他社が対応・参入する前に自らが参入してその地位を築く支援を行う。

⑸　不動産業におけるDX

　DX化は、どの業態においても重要である。不動産業においては、AI（人口知能）を活用した不動産査定・家賃設定、VR（仮想現実空間）を活用した住宅内覧会の実施、インターネットを使った情報提供、仲介補助などのアドバイスや支援は必須である。

⑹　ビジネスマッチング

　不動産業におけるビジネスマッチングは、土地情報紹介・建物建設業者・下請先の紹介・建築材料業社の紹介・販売先の斡旋・住宅ローンの提携など多岐にわたる。それだけビジネスマッチングのチャンスは多く、本業支援と同時に自行庫の手数料収入に結びつけることができる。

⑺　事業承継支援

　不動産業は一般的に他業種と比べて社長がより高齢化している傾向がある。それだけに事業承継のニーズが高い業種である。一般的な事業承継支援のほか、M&Aの活発化、廃業への対応も必要となる。

⑻　空家・古民家の活用支援

　空家・古民家の増加に対し、十分な対策ができていないのが現状である。全国での成功事例などを紹介しつつ、リノベーション事業への参入を促す本業支援を行う。

```
事例 5-1  I 社

《企業概要》
設立       1959年
主力事業   建築・土木用鋼材製造業
資本金     1億円
年商       25億円
従業員     25名
取引銀行   地銀・信金
```

I社は、地方都市郊外の鋼材加工メーカーである。大手製鉄所から鋼材を仕入れ、建築・土木用鋼材に加工し地元建築・土木会社に販売している。近年は公共工事の減少で土木用鋼材は売上減少傾向にある。そこに危機感を持った当社の社長は、環境対策向けの鋼材の需要が今後見込まれるという時代背景をキャッチし、その分野への進出を考えている。道路工事用の環境対策を施した特殊コーディング鋼材加工をするためには、新たな機械設備が必要となる。

当社には鋼材表面加工の製造ラインはすでにあり、機械設備の購入だけで、製造ラインの設備投資は行わなくても大丈夫である。

当社の社長は、当社の技術力からすればその分野への進出は可能と判断し、当行に対し新たな建築用鋼材機械設備を導入するための設備資金50百万円の申し出を行った。

担当者として、申し出の背景、以下の財務内容等を勘案して、本件融資を取り上げるのか、否か、質問に答えながら判断しなさい。

【I社の決算内容】

損益計算書

（単位：百万円）

	前々期	前期
売上高	2,600	2,700
売上原価	2,100	2,200
売上総利益	500	500
販管費	350	370
営業利益	150	130
営業外損益	▲30	▲30
経常利益	120	100
特別損益	0	0
税引前当期利益	120	100
法人税等	48	40
当期純利益	72	60
（減価償却費）	50	50

貸借対照表

（単位：百万円）

科目	前々期	前期	科目	前々期	前期
流動資産	1,820	1,790	流動負債	1,100	1,050
現預金	300	320	支払手形	280	250
受取手形	550	540	買掛金	280	250
売掛金	200	210	短期借入金	350	350
棚卸資産	700	650	その他	190	200
その他	70	70	固定負債	650	600
固定資産	1,210	1,170	長期借入金	650	600
土地	250	250	負債合計	1,750	1,650
建物	450	430	資本金	100	100
機械	450	430	利益剰余金	1,180	1,210
その他	60	60	純資産合計	1,280	1,310
資産合計	3,030	2,960	負債・純資産合計	3,030	2,960

［経営指標］

	前々期	前期
流動比率	165.5%	％
固定比率	94.5%	％
固定長期適合率	62.7%	％
自己資本比率	42.2%	％
売上高総利益率	19.2%	％
売上高営業利益率	5.8%	％
売上高経常利益率	4.6%	％

前々期の数値を参考にして、前期の経営指標を算出しコメントしなさい。

A

[経営指標]

	前々期	前期
流動比率	165.5%	170.5%
固定比率	94.5%	89.3 %
固定長期適合率	62.7%	61.2%
自己資本比率	42.2%	44.2%
売上総利益率	19.2%	18.5%
売上高営業利益率	5.8%	4.8%
売上高経常利益率	4.6%	3.7 %

[コメント]

・流動比率、自己資本比率が高く安全性が高い会社である。

Q2 当社の貸借対照表から、財務上の特徴を述べなさい。

A 現預金、受取手形が多く、資金繰りに余裕がある。

Q3 当社の新たな設備投資について、申し出事情の妥当性について述べなさい。

A

・既存の土木用鋼材製品は、売上が減少傾向にある。新製品を開発して
　その落ち込みをカバーする戦略に基づく申し出であり妥当性がある。

・また既存の特許技術を活用でき、追加設備投資も不要である。市場の
ニーズも十分に見込めるということから、新製品開発の成功が期待で
きる。

Q4 当社の新製品開発計画について、どのような点を確認すれば良
いと思いますか。

A 新製品の開発から量産化に至るまでの計画の詳細を聴取したう
えで、スケジュールや見込み顧客別販売計画、収支計画等を検証し、早
期に新製品が相応のキャッシュフローを獲得できるようになるか否かを
見極める。

Q5 当社の前期と前々期のキャッシュフロー額はいくらですか。

A

〈前々期〉 122百万円
〈前期〉 110百万円

Q6 当社の債務償還年数を計算しなさい。

A

〈前々期〉
$1,000 - (1,450 - 560) = 110 \div 112 = 0.98$
〈前期〉
$950 - (1,400 - 500) = 50 \div 110 = 0.45$

Q7 当社のEBITADA有利子負債倍率を算出しなさい。

A

〈前々期〉

$(1,000 - 300) \div (150 + 50) = 3.5$

〈前期〉

$(950 - 320) \div (130 + 50) = 3.5$

[融資判断]

Q8 以上のことを踏まえたうえで、融資の可否判断をしなさい。

A

結論 ⓐ・否

Q9 その融資可否判断の根拠を箇条書きで記載しなさい。

A

・資金使途は妥当と判断できる。

・キャッシュフローが潤沢で返済能力に問題はない。

・現預金・受取手形の残高などから、資金繰り面も安定している。

電子部品製造業：業績回復傾向にある正常先に近い要注意先

　当社は、地域産業における製造業である。リーマンショック後長い低迷があり、景気回復とともに一度業績が回復したが、直近３期において再び業績が悪化した。しかし前期から始めた経営努力により再び業績が回復傾向にある。当行の融資シェアは30％で、保証協会付はⅠ分類、無担保部分はⅡ分類となっている。

当社の業況推移と来期計画　　　　　　　　　　　　　　（単位：百万円）

	前々々期	前々期	前期	今期予想	来期計画
売上高	5,000	5,000	4,700	5,300	5,300
売上原価	3,500	3,500	3,200	3,500	3,500
売上総利益	1,500	1,500	1,500	1,800	1,800
販売管理費	1,700	1,700	1,700	1,700	1,700
営業利益	▲ 200	▲ 200	▲ 200	100	100
経常利益	▲ 150	▲ 150	▲ 150	70	70
特別損失	▲ 350	▲ 50	0	0	0
税引前当期利益	▲ 500	▲ 200	▲ 150	70	70
法人税等	3	3	3	3	28
当期利益	▲ 503	▲ 203	▲ 153	67	42
減価償却費	200	190	180	200	190
CF	▲ 303	▲ 13	33	267	232
有利子負債	4,000	4,300	4,500	4,500	4,500

　当社は、売上高が50億円前後の電子部品製造業である。損益分岐点売上高がおおよそ52億円であるので、損益分岐点売上の確保が当社の命運を握っている。過去３期、特に前期は売上が大きく落ち込み、３期連続赤字となり正常先から要注意先に格下げとなった。経営者は強い危機意識を持ち、売上の大きく落ち込んだ前期の途中から会社内で経営改

善のプロジェクトチームを立ち上げ、経営改善計画を作成し、強力に蘇る会社経営を始めた。当行庫は、経営改善計画が実抜計画と判断して、要管理先ではなく、その他要注意先と自己査定した。

●業績悪化の原因

当社は業績悪化の原因を次のように分析している。

・前々々期以前に総額10億円を超える設備投資を行ったが、その後の経済環境変化の反動を受けて売上高が落ち込んだこと
・地震や災害などで最終製品の国内消費が低迷したことにより、損益分岐点売上高を確保できなかったこと
・当社の取引先が数社に集中していて、景気の変動の影響を大きく受けること
・利益率の低下要因として、売上減少による工場操業度が低下したこと
・原材料の価格高騰によるコストアップがあったこと

●抜本的な経営改革

当社は業績悪化の分析から、販売戦略の再構築、コスト削減・生産性向上、ブランド価値の向上が必要と判断し、プロジェクトチームを組成し抜本的な改革に着手した。

販売戦略の再構築では、営業力の強化を図り、中小口先の販売先を多く確保し、同時に販売数量の増加、販売単価の上昇を実現した。コスト削減・生産性向上では、多能工化、納期短縮化、内製化などの施策を次々に行った。

ブランド価値の向上では、当行庫の支援により特許庁の中小企業知財金融促進事業に応募し、知財ビジネス評価書を作成してもらった。当社の強みである特許権を中心とした知財ビジネス評価書をアピールすることでブランド価値の向上を図ったのである。

このように当社はもともとポテンシャルの高い企業であったので、急激なＶ字回復を果たしつつあるのである。

Q1.　当社の財務面での問題点は、製造業にありがちな借入れ過多である。当社は売上高50億円前後に対し、有利子負債が45億円もある。その内訳は短期借入金10億円、長期借入金が35億円（年間返済額６億円）である。業況が回復傾向にはあるが、財務が不安定であるので、いつも資金繰りに頭を悩ますのが、当社の最大の弱点である。このような状況下、当社に対してあなたならどのような提案を行いますか。

A.

・当社に対しては、有利子負債の組み直しを提案する。当社の長期借入金35億円の年間返済額は約６億円である。それに対する当社のキャッシュフローを見てみると前々期▲303百万円、前々期▲13百万円、前期33百万円である。例えば前期であれば、年間約６億円の資金を新たに調達しないと資金繰りが回っていかない。当社は各々の金融機関に返済した分の復元融資のお願いを永遠に続けなければならない。このような状況では、安心して事業に専念することもできない。

・業績回復により、当社の今期予想のキャッシュフローは267百万円、来期計画で232百万円である。今こそそのキャッシュフローに合わせた返済に組み替える提案をしてみる。

・製造業は設備投資も必要となるので、キャッシュフローには余裕を持たせる必要がある。年間返済額を６億円から２億円へと減額するような融資組み直しを提案する。また当行庫のシェアは30％であるので、他行庫も巻き込んでの提案を行う必要がある。バンクミーティングを呼びかけて取引金融機関全体で支援する方向性を示してあげたい。

［コメント］

●融資組み直しの方法

　融資の組み直しの方法としては、返済のない当座貸越・手形貸付を活用して証書貸付から借り換えをする方法と証書貸付における返済をテールヘビーにするという方法がある。いずれにしても債務償還年数が正常先の範疇に入ることは難しくなる。とすると当社の債務者区分を正常先に格上げすることは困難となる。

　金融検査マニュアルは廃止されたので、自由裁量が大きくなった金融機関には、発想の転換が必要となる。金融検査マニュアルが廃止されたということは、無理に取引先を厳格な債務者区分に当てはめる必要はないのである。そうであれば無理に正常先への格上げを模索するのではなく、その他要注意先のままにとどめて、資金繰り安定を重視した取引先支援をした方が、取引先企業の永続性が高まるのではないかと考えれば、無理に債務償還年数を10年以内に収める必要がなくなる。

　このように金融検査マニュアルが廃止となった今は、金融機関はより柔軟に取引先企業に寄り添った貸出支援ができると考えられる。ぜひ読者の皆さんも既存の価値観にとらわれず、取引先業の立場・目線にたった支援を考えて欲しい。

▌参考図書・文献等

『業種別事例による新版〔融資力〕5分間トレーニングブック』
山田ビジネスコンサルティング（株）編、ビジネス教育出版社

『業種別事例による〔融資力〕5分間トレーニングブック』
山田ビジネスコンサルティング（株）編、ビジネス教育出版社

『ビジネスマンのための最新「数字力」養成講座』
小宮一慶著、ディスカバー・トゥエンティワン

『会話ができる財務の知識と活用の指南書』
細谷進著、近代セールス社

『支店長が読む融資を伸ばすマネジメント』
黒木正人著、近代セールス社

『法人取引アプローチ』近代セールス社編、近代セールス社

『ライフステージ別 事業性評価力養成コース』（経済法令研究会）

・吉永明宏公認会計士・税理士事務所ホームページ
・近代セールス 2021.11.1号　近代セールス社

〈著者プロフィール〉

黒木　正人（くろき・まさと）

行政書士・宅地建物取引士・ファイナンススタイリスト
1959年2月16日生まれ 明治大学法学部法律学科卒業
1982年4月　㈱十六銀行入行、事業支援部長、十六信用保証㈱常務取締役
2012年4月　飛騨信用組合入組、常務理事、専務理事、理事長
2021年6月　黒木正人行政書士事務所所長、TACT高井法博会計事務所会長補佐、すみれ地域信託㈱取締役、ミネルヴァ・サービサーシニアアドバイザー、中小企業庁岐阜県よろず支援拠点コーディネーター

・著作
『経営者保証ガイドラインの実務対応に強くなる』（ビジネス教育出版社、2014年）、『マンガ融資渉外キヅキ旅』（2022年）『新しい融資債権管理・回収の進め方』（2020年）『支店長が読む　融資をのばすマネジメント』（2017年）『営業店担当者のための債権回収の強化書』（2013年）『取引先再建のための資金繰り改善アドバイス』（2012年）（以上、近代セールス社）、『〔新訂第2版〕担保不動産の任意売却マニュアル』（2013年、新訂版2011年、改訂版2008年、初版2006年）『担保不動産と管理・回収の実務』（2009年）『事業承継の相談事例』（2007年）『わかりやすい融資実務マニュアル』（2007年）（以上、商事法務）、『地域の企業再生の実務』（共著・2011年）『債権保全と回収の実務』（2010年）（以上、三協法規出版）ほか多数

企業の持続性を見極める
決算書の読み方と業種別のポイント

2023年2月16日　初版第1刷発行

著　　者　　黒木　正人
発行者　　中野　進介
発行所　　株式会社ビジネス教育出版社

〒102-0074　東京都千代田区九段南 4 - 7 - 13
TEL 03（3221）5361（代表）／FAX 03（3222）7878
E-mail ▶ info@bks.co.jp　URL ▶ https://www.bks.co.jp

印刷・製本／シナノ印刷㈱
ブックカバーデザイン／㈱クリエイティブ・コンセプト　本文デザイン・DTP／坪内友季
落丁・乱丁はお取替えします。

ISBN978-4-8283-0981-1